재능목회

재능목회

이길주 지음

한사랑

Contents

13   프롤로그

소명 받은 사람은 신학교로만 가야 할까요?
부동산으로 지어진 교회
하나님의 시선이 머무는 곳에

-쭈바이블 학생들-

-우리교회 힘내라 프로젝트-

24 I. 전통에서 혁신으로

27   1. 새로운 패러다임

1) 스타벅스에서 심방을 / 30
2) 블라인드 테스트 커피처럼 / 32
3) 세상에서 접촉점을 가진다는 건 / 33
   노래하는 목사 구자억 / 37
4) 전통의 가치를 현대에 맞게 / 39
   현대의 옷을 입은 경기민요 소리꾼 이희문 / 41
   도구를 바꾼 만화가 장태산 / 43

- 구자억 목사 -

48   2. 모방과 창조 사이

1) 올드 콘텐츠가 되어 버린 기독교 / 48

- 제중원

2) 모방에서 창조로 / 51
3) 뒤처질 수 있지만 잊혀서는 안 된다 / 54

56   3. 온라인과 IT

1) 온라인은 선교지다 / 56
2) IT 기업 스타벅스 / 61
3) 생성형 AI를 통해 성경이 답하게 만든 초원 AI / 64
4) 새내기 엄마의 스마트폰 사용 / 66

68 II. 재능 목회는 성경적 사역이다

71 1. 왜 재능 목회인가?

공동체는 누구인가? / 74
교회는 어디에서 모이는가? / 75
어떻게 예배하는가? / 75
목회는 어떻게 하는가? / 76
일상의 삶은 어떻게 움직이는가? / 76

78 2. 재능 목회는 선교적 교회론을 실천하는 목회다

[재능 목회와 선교적 교회론의 공통된 가치] / 78
1) 사도행전 1:8과 사명 / 82
2) 건물 밖으로 벗어나라 / 86
   필립하우스 / 87
3) 달란트 비유 / 92
4) 바울의 은사 사역 / 94

98 3. 재능과 목회가 연결되어야 한다

100 4. 이중직 목회와 재능 목회는 다르다

1) 이중직 목회와 재능 목회의 차이 / 100
   이중직 목회 / 100
   재능 목회 / 107
   재능 목회의 정의 / 109
   재능 목회의 운영과 특징 / 109
2) 재능 목회의 형태 / 116
3) 재능 목회의 장단점 / 122

126　III. 재능 목회를 시작하라

129　1. 어떻게 재능 목회를 시작할 수 있을까?

1) 전통적인 목회 모델을 넘어서라 / 131
2) 선교적 교회론을 가져야 한다 / 132
3) 목회가 아닌 선교다 / 134
4) 세상의 필요를 찾아라 / 136

140　2. 재능 목회의 사례

재능 목회의 목회자 사례 / 140
1) 헬스 목회 / 140
2) 장례목회 / 145
3) 캠핑사역 / 147
4) 성지순례 / 149
5) 유튜버사역 / 153

재능 목회의 성도 사례 / 156
1) 복음의 전함 / 157
2) 성지순례 여행사 / 160
3) 헤어디자이너 / 161
4) 가정주부 / 164
5) 미디어 사역 / 166

168　3. 재능 목회 매뉴얼

1) 본캐와 부캐 / 170
2) 재능 발견하기 / 171
3) 팀 프로젝트 / 173
　전문가 멘토링 / 174
　목회 창업 / 175
　부동산 지원 / 176

181 에필로그

**유용한 도구와 수단을 취하자!
선교하는 교회에서 선교적 교회로!**

— 이스라엘에서 성지순례 가이드 사역 중인 저자 —

프롤로그

소명 받은 사람은 신학교로만 가야 할까요?

12년 동안 신학대학원에 가려는 예비 목회자 248명에게 성경을 가르쳤다. 1년 동안 매주 월요일 오전 9시부터 밤 12시까지 하루 종일 성경을 공부해야 하는 쉽지 않은 과정이었다. 이 과정에 입학한 지원자들을 면접하는 날이면 어김없이 그들에게 했던 말이 있었다.

"여러분! 저는 여러분이 소명을 받았어도 모두 신학교에 가야 한다고 생각하지 않습니다. 여러분 가운데에는 최종 사명지라고 생각하는 건물교회의 사역에 적합하지 않은 사람이 있을 수 있습니다. 그러니 여러분! 하나님이 부르셨으면 먼저 여러분이 가진 재능이 무엇인지 확인하고 그 재능을 계발하는데 시간과 돈을 투자하십시오. 그렇게 익힌 재능으로 하나님이 보내시는 그곳을 찾아서 사역하는 것이 더 유익할 수 있습니다. 지금 신학대학원에 가려고 하는 여러분의 발걸음을 잠시 멈추고 생각해 보십시오."

신학대학원에 가겠다는 마음과 굳은 결심으로 온 사람들에게 이렇게 말하고 시작하니 혼란스러워하는 학생들이 꽤 많았다. 이렇게 시작된 메시지는 수업 도중에도 멈추지 않고 계속되었다.

"지금이라도 늦지 않았습니다. 지금 신학대학원에 가서 여러분이 얻게 되는 도구는 오늘날 현대 사회에서 그렇게 쓸모 있지 않을 수 있습니다. 세상에서 통할 수 있는 도구와 수단을 하나 정도 챙기는 게 좋습니다. 교회 건물 크게 지어 성도들이 모이는 시대는 지났습니다. 또 그것이 우리가 본질적으로 추구해야 할 사역도 아닙니다."

이런 나의 반복적인, 그리고 나에게 배우러 온 목적과는 반대인 메시지에 그들은 어떻게 반응했을까? 12년 동안 3명이 이 메시지를 듣고 가려던 길을 바꾸었다. 그래서 이들은 '쭈바이블' 졸업생이 아니다. 그 과정을 다 마치지 못했기 때문이다. 그러나 그들은 쭈바이블의 다른 졸업생과 동일한 진짜 나의 제자이고 나는 그들의 이후 삶과 사역을 주목하고 있다.

쭈바이블 학생들

얼마 전, 쭈바이블에서 공부했던 학생이 스승의 날을 맞아 연락을 해왔다. 최근에 자신이 정말 가고 싶었던 청소년 기관에 취업했다는 얘기로 시작해서, 자신이 그 일을 할 수 있도록 격려해 준 일에 대해 감사하다는 전화였다. 그 학생이 자신의 재능을 통해 효과적으로 사역할 수 있는 길을 찾은 듯하여 행복했다.

쭈바이블에서 공부하고 신대원에 들어가 졸업까지 한 학생들이 나에게 많이 연락한다. 그들은 한결같이 쭈바이블을 시작할 때 내가 했던 말들이 이제야 이해

되기 시작했다고 말한다. 졸업 후 어떻게 해야 하나님이 자신에게 준 소명대로 진짜 사역을 할 수 있을지 혼란스러워하고 어려워하며 조언을 구한다. 그런 제자들이 찾아오면 나는 그들이 자신의 재능을 찾을 수 있도록 전문 기관에 연결을 시켜주거나 새로운 사역의 방향성을 찾을 수 있도록 돕기 위해 최선을 다했다. 모두가 획일적으로 건물교회에 들어가 자신의 재능과 상관없이 사역하게 되는 구조를 조금이나마 바꿀 수 있지 않을까 생각했기 때문이다.

부동산으로 지어진 교회

한국 교회는 2000년대 초부터 한국 사회의 부동산 붐에 편승해 큰 건물교회를 짓는 일에 온 힘을 기울였다. 그래서 신학교 지원자 수는 최고점을 찍었고 신도시에는 큰 교회들이 들어섰다. 신도시에 건물만 지으면 성도가 모인다는 신화를 가지고 너도나도 건물을 짓고 많이 모이는 교회를 꿈꾸기 시작했다. 그렇게 시작한 교회의 건물 짓기 열풍은 2012년 종교기관 금융권 대출의 90% 이상을 교회가 차지하는 결과를 만들었다. 이 수치는 한국 교회가 부동산에 얼마나 열심이었는지를 말해준다.

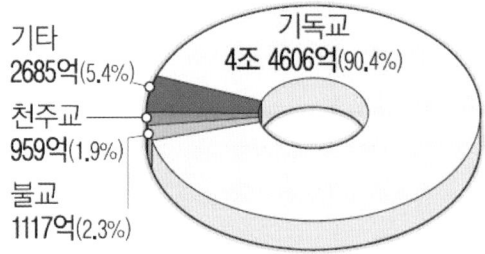

2012년 금융감독원이 발표한 금융권 종교기관 대출 현황[1]

   그러나 부동산의 힘으로 만들어진 교회는 오늘날 한국 사회에 어떤 모습으로 비치고 있을까? 그 안에서 열심히 사역했던 목회자들의 사역은 어떤 결과를 가져왔을까? 답을 굳이 찾아보지 않아도 될 만큼 우리는 이미 알고 있다. 또다시 이런 주제를 꺼내는 것 자체가 우스울 정도가 되었으니 말이다.

   물론 한국 교회의 역사를 부정하거나 비방하려는 의도는 아니다. 나도 전통교회 안에서 예수님을 믿었

---
[1] 서울신문 기사 2012년 5월15일
https://www.seoul.co.kr/news/economy/2012/05/15/20120515021022

다. 단지 한국 기독교가 그동안 걸어온 길이 현대사회에 이렇듯 부정적으로 나타났다면, 방향 수정은 해야 하지 않을까 묻고 있는 것이다.

좀 더 본질적으로 말하자면, 성경을 통해 우리가 어떤 그리스도인이 되어야 하는지를 지금의 시점에서 함께 생각해 보고 싶다. 쭈바이블에서 12년 동안 그렇게 강조했어도 200여 명 중의 3명만이 다른 길로 가는 선택을 했을 정도니 한국 교회의 목회 방향성을 새롭게 생각해 본다는 것은 위험하면서도 두렵고 무서운 일인지 모르겠다. 그렇다고 하더라도 이 거대한 행렬을 잠시 멈추고 말을 건네보고 싶었다.

하나님의 시선이 머무는 곳에

코로나가 발생했을 때 한국 교회는 멈췄다. 처음 겪는 일이었고, 신앙관과 예배관, 교회관의 차이가 극명하게 나타났다. 2020년 2월 코로나가 시작되었을 때, 나는 후배의 다급한 전화를 받았다. 교회 전도사로 사역하는 그는 갑자기 달라진 환경에서 어떻게 사역해야 할지 모르겠다며 도움을 요청했다.

그래서 나는 그 즉시로 〈온라인 예배 매뉴얼〉을 만

들어 무료로 배포했다. 이 영역은 내가 관심이 있던 분야였고 다른 사람들보다 조금 더 아는 부분이었기 때문에 가능한 일이었다. 온라인 예배 매뉴얼은 많은 교회에 도움을 주었다. 그런데 새로운 문제가 생겼다. 매뉴얼에 따라 어떻게 할 줄은 알겠는데 장비가 없어서 시행하지 못하는 교회가 많다는 것이다.

그 소식을 듣고 진행한 것이 미자립교회에 온라인 예배 장비를 지원해 주는 프로젝트였다. 10여 교회 정도를 지원해 주기 위해 시작했는데, 나중에는 지원이 필요한 교회들이 많아져 450여 개 교회에 온라인 예배 장비를 지원했다. 온라인 장비를 지원하면 끝이 날 줄 알았는데 실질적으로 적용하려니 어렵다는 피드백이 이어졌다. 이에 따라 온라인 장비로 예배를 드릴 수 있는 세미나를 개최하기에 이르렀다.

코로나가 한창 지속되면서 한국 교회에 또 다른 어려움이 찾아왔다. 한국 교회의 전도 활동이 멈추게 된 것이다. 코로나 시기에 전도를 어떻게 할 수 있을지 도울 방법을 고민하고 있었는데, 옆 교회의 신영일 목사님을 통해 귀한 돈이 전달됐다. 요양원 어르신 한 분이 홀로 사시다 돌아가셨는데 자신이 가지고 있는 전 재산 140만 원을 하나님 나라를 위해 써달라고 남기고 가셨다며 이 돈을 나에게 가져오셨다.

나는 그 돈이 이 사역을 위한 씨드머니로 하나님이 주신 돈이라고 생각되었다. 그래서 그 어르신의 마음을 담은 행사를 기획했다. 커피차 사역을 하고 있는 〈달려라커피〉의 안준호 목사님과 우리 교회에서 전통음악을 하는 〈앙상블토브〉의 이건명 집사님과 함께 전도를 돕기 위한 〈우리교회 힘내라!〉 프로젝트를 진행한 일이다.

우리교회 힘내라 프로젝트

코로나 시기에 사람들을 만나는 게 어려웠으므로 집마다 방문하는 건 불가능했다. 대신 커피차가 교회 성도들이 있는 마을에 가서 커피를 대접하고, 그 옆에서 서양음악과 전통음악이 어우러지는 찬양을 들려주었다. 커피, 음악, 쉼과 전도를 위한 프로젝트였다. 우리는 이 일에 사용되는 비용을 지원하였고, 참여하는 교회와 커피차, 음악단체 모두가 기쁨으로 함께 사역할 수 있었다. 그리고 이 프로젝트는 교회팀이 마무리된 후 코로나 방역 활동을 하는 의료진들에게까지 연결되었다.

당시 나는 작은 개척교회 목사였지만, 규모와 상관없이 내가 가진 재능을 사용해서 필요한 곳에 쓰임받았다고 생각한다. 지금도 내가 관심을 두고 있는 것은 하나님의 시선이 머무는 곳, 그곳에서 하나님의 도구로 사용되는 일이다. 하나님이 언제 어디서든 편하게 사용하실 수 있는 도구가 되기 위해 열심히 노력하고 있다.

지금 내가 걷고 있는 이 사역의 길은 한국 교회가 전통적으로 가는 유형의 길은 아니다. 그러나 나의 이 선택이 비록 다수에서는 벗어났을지라도 잘못된 길이라고는 생각하지 않는다. 오히려 더 많이 함께 걸어가야 할 길이라고 생각한다.

놀랍게도 이 외로운 길을 가는 사람이 의외로 많다는 것을 알게 되었다. 그러나 그들은 한국 교계에서 이른바 성공한 목회자는 아닐 것이다. 성도들에게도 목회자들에게도 이 길은 소수만이 걸어가는 길로 생각되고, 어쩌면 실패한 길이라고 생각될 수도 있다.

그러나 나는 분명히 말할 수 있다. 사회 속에서 우리가 가진 재능을 통해 선교적 삶을 실천하는 것은 '교회'라고 부르기에 부족하지 않고, 이 시대에는 더더욱 이런 움직임이 필요하다고!

모두가 이래야 한다는 생각은 없다. 그저 각 사람이 주님이 이끄신 자리에서 하나님이 주신 은사를 따라 겸손히 그 사역을 감당할 수 있으면 그걸로 족하다. 마치 바울과 베드로가 각각 이방인과 유대인에게로 가서 자신의 은사에 따라 사역했듯이 말이다.

I.

1. 새로운 패러다임

스타벅스에서 심방을

IT 기업 스타벅스

3. 온라인과 IT

온라인은 선교지다

전통에서 혁신으로

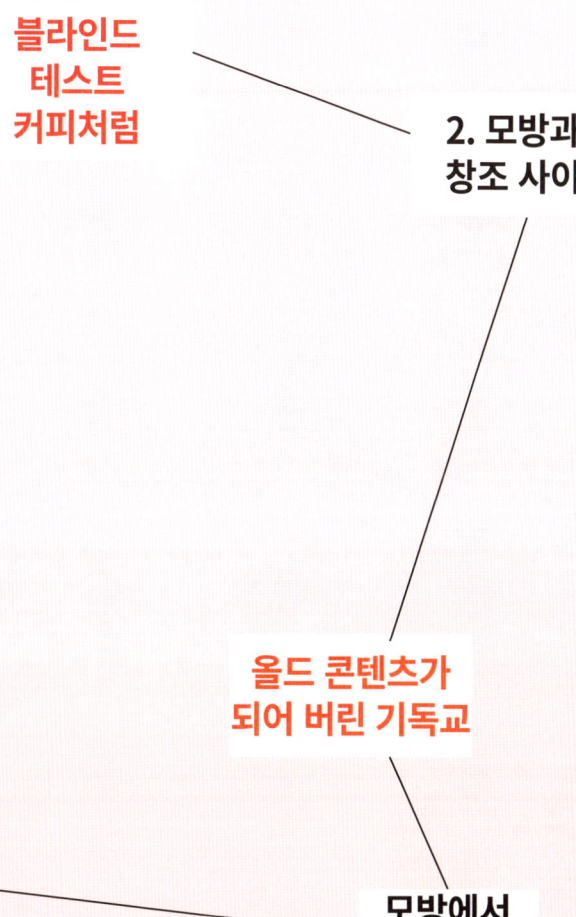

블라인드 테스트 커피처럼

2. 모방과 창조 사이

올드 콘텐츠가 되어 버린 기독교

모방에서 창조로

I. 전통에서 혁신으로

1. 새로운 패러다임

내가 예수님을 처음 믿기 시작했을 때 지하철에서 '예수 천당, 불신 지옥'이라는 구호를 외치며 전도하시던 분들이 계셨다. 그분들의 용기 있고 담대한 모습 때문에 나 역시 그들에게 많은 도전을 받았고 어떻게 전도해야 할지 고민하게 되었다. 이후 나는 그분들을 본받아 지하철과 버스정류장에서 담대하게 복음 전하는 일을 하기도 했고, 믿지 않는 사람들에게 복음 전하는 일을 가치 있게 생각해 선교단체에서 사역하기도 했다.

그런데 과거에 그렇게 했던 사람들의 오늘날 이미지는 어떠한가? 집마다 찾아다니며 복음을 전했던 위대한 전도자들은 이 사회에서 더는 대접받지 못하고 꺼리는 대상이 되어 버렸다. 길거리에서 담대하게 큰소리로 복음을 외치는 사람들은 민폐를 끼치는 사람들이라 여겨진다. 공공장소에서 특정 종교를 전하는 일들은 사회에서 금지하는 일이 되었고, 이전의 담대했던 복음전도의 방법은 더이상 복음을 전파하는 수단이 되지 못한다.

시대가 변했기 때문이다. 그래서 변화된 시대에 맞는 전도 방법론이 필요하다. 10년이면 강산이 변한다는 메시지는 더는 오늘의 현상을 설명하지 못한다. 인류는 하루가 다르게 변하고 있다. 미래학자 벅민스터 풀러(Buckminster Fuller)는 그의 책 『Critical Path』(1982)에서 인류의 지식이 2배가 되는데 걸리는 시간이 1900년대까지는 100년이, 1945년까지는 25년이, 책을 출간한 1982년에는 13개월이, 그리고 2030년이 되면 3일이 걸릴 것으로 예측했다. IBM은 2020년이 되면 12시간마다 인류 지식이 두 배가 될 것이라고 예견했는데, 2024년을 사는 우리는 이미 지식이 두 배가 된다고 예견되었던 시대를 훌쩍 뛰어넘어 살고 있다.

이런 시대에 그리스도인은 어떻게 사역해야 할까? 20세기 초 부흥기 때 컴퓨터와 유튜브가 없던 시절에 효용성 있었던 방법론을 아직도 절대적인 방법론으로 사용하고 있지는 않은가? 일본 순사의 회심을 일으켰다는 "예수천당 불신지옥"의 메시지를 아직도 길거리에서 외치는 것이 복음을 전하는 최고의 방법이라고 생각하고 있지는 않은가?

우리는 예수님도 복음을 시대와 대상에 맞게 전하셨다는 사실을 잊어서는 안 된다. "너희가 전에는 이렇게 들었지만, 나는 이제 너희에게 이렇게 말한다."

마태복음 5:21-22

옛 사람에게 말한 바... 하였다는 것을 너희가 들었으나

나는 너희에게 이르노니...

예수님은 천국 복음을 듣는 대상에 따라 방법론을 바꿔 설명하셨다. 농부들에게는 씨 뿌리는 비유로, 상인들을 향해서는 진주 비유로, 어부들을 향해서는 그물 비유 등으로 그들이 이해하고 알아들을 수 있는 메시지로 설명하셨다. 이처럼 우리도 시대와 상황, 복음을 듣는 대상에 맞게 전하는 접근법(방법론)이 필요하다.

여기서 오해하면 안 되는 부분이 있다. 방법론과 본질을 구분해서 생각해야 한다. 본질을 바꾸자는 이야기가 아니라 방법론을 바꾸자는 말이다. 방법론이 맞지 않아서 본질을 가리고 오해를 낳아 전달되지 못하는 문제를 막아야 하기 때문이다.

복음이 들어 있는 핵심 가치인 '성경'은 불변의 진리의 말씀이다. 하지만 당연히 들어야 하고 믿어야 하는 이 진리의 말씀이 아예 소개도 안 되고 전해지지도 못하는 일이 일어나고 있다면 어떻게 할 것인가? 복음

을 싸고 있는 포장을 신뢰할 수 없어서, 낯설어서, 선뜻 손이 안 가서 진리의 복음을 선택하지 못하고 있다면 겉 포장지 정도는 바뀌어도 괜찮지 않을까?

지금까지 우리의 '전통적' 방법론을 소중하게 지켜왔다면, 이제는 이것을 바탕으로 시대와 대상에 맞게 과감하게 변화해야 할 '혁신'이 필요한 시대다.

1) 스타벅스에서 심방을

청년 직장인을 대상으로 창업과 자기 계발을 도와주는 회사를 운영하던 한 사장님은 복음 전도의 방법을 획기적으로 바꾸었다. 이른바 '카페 전도'이다. 친구나 동료에게 복음을 전하기 위해 예배에 데려가거나 목사님에게 심방을 요청하는 방법은 요즘 직장인들의 라이프 스타일에 맞지 않는다. 그래서 그는 언제든 친구들과 편하게 갈 수 있고 대화를 할 수 있는 카페라는 장소를 선택했다. 카페는 평일에도 친구, 동료들과 편하게 시간을 잡고 만날 수 있는 곳이기 때문이다.

믿지 않는 사람에게 처음부터 교회 문턱을 넘어 들어오라는 말은 쉬운 일이 아니다. 어떤 이에게는 이러한 요구가 무례하게 느껴질 수도 있다. 그래서 카페라는 공간은 이런 면에서 대중성이 있고 언제든 편하게 만나 대화할 수 있는 적절한 장소가 될 수 있다. 특히 점심시간을 이용해 도움과 상담이 필요한 사람들에게 목회자를 초대해 함께 시간을 보내면 큰 저항감이나 거부감 없이 대화하고 도움을 받을 수 있다.

카페에서 심방하는 목회자 [2]

과거에 심방은 집을 방문하여 그 집의 사정을 살피고 그동안 고민해 왔던 문제를 상담하는 시간이었다. 하지만 요즘은 교회마다 가정 심방이 제대로 이루어지지 않는다. 가정을 공개하지 않는 개인주의 문화가

---
[2] Microsoft Copilot DALL.E 3 로 생성

확산되었기 때문이기도 하고, 맞벌이를 하는 가정이 많기에 평일 낮에 만날 수 없기 때문이다. 상황이 이렇다보니 어느 경우에는 서로 시간을 맞추려면 1년이 걸리기도 한다.

이런 문제를 카페 심방으로 해결하면 어떨까? 회사 근처의 카페로 가서 점심시간을 이용해 함께 식사하며 대화를 나눈다면 늦은 저녁에 귀가 후 지친 몸으로 심방을 준비하고 억지로 만나는 어려움이 없어진다. 그리고 상대를 배려하는 교회의 마음도 알 수 있고 시간도 비교적 쉽게 잡을 수 있다.

2) 블라인드 테스트 커피처럼

어느 패스트푸드 회사에서 커피를 출시하면서 블라인드 테스트를 한 바 있다. 회사가 생각하기에 커피 품질에는 자신이 있었는데 사람들의 고정관념이 걸림돌이 된다고 보았기 때문이다. 커피 전문 브랜드가 아닌, 패스트푸드 회사에서 내놓는 커피가 얼마나 좋을까 하는 사람들의 인식은 신제품 출시에 가장 큰 걸림돌이었다.

그래서 이 회사는 상호를 가린 채 사람들에게 유명 커피 브랜드 제품과 자사의 커피 제품을 동시에 내놓고 고르게 했다. 어떤 결과가 나왔을까? 많은 사람이

패스트푸드 회사의 커피가 맛있다고 손을 들어주었다. 그런데 여기서 한 가지 더 살펴봐야 할 점이 있다.

사람들은 어디에서 커피를 마실까? 대부분은 커피 전문점을 찾는다. 커피를 마시는 이유는 그 맛도 중요하겠지만 커피를 제공하는 곳의 분위기가 중요하게 작용한다는 것이다. 브랜드 매장일 경우 그 브랜드가 구축한 신뢰와 호감 있는 이미지가 선택 요소로 작용하기도 한다.

그렇다면 우리의 상황으로 연결시켜 생각해보면 어떨까? 복음이라는 상품은 어디에 내놓아도 손색이 없다. 목숨을 내놓아도 아깝지 않을 만큼의 콘텐츠다. 그런데 사람들은 이 좋은 소식을 들으러 오지 않는다. 마치 패스트푸드 회사가 내놓는 커피처럼 평가절하되는 것 같다. 다른 준비가 필요하다.

세상에서는 오래된 물건도 재포장하여 시대에 맞게 사람들에게 판매한다. 우리가 전하는 복음의 콘텐츠도 시대에 맞게 재포장해야 한다. 이 소중한 가치가 과거에 갇혀 박물관에서만 볼 수 있는 콘텐츠로 전락하지 않도록 해야 한다.

3) 세상에서 접촉점을 가진다는 건

'20세기 미국 부흥기 때 많은 청년이 교회를 찾아

왔다. 그때 목회자들은 청년들에게 교회에서의 거룩한 헌신을 요청했고, 그 청년들은 대부분 신학교로 들어갔다. 시간이 흐른 지금, 전 세계에 영향력을 행사하고 문화를 통해 의식을 형성하며 그들이 만든 주제로 온 세상을 움직이는 할리우드에는 소수의 기독교인이 남아 있을 뿐이다.' 어느 사회학자가 한 말이었다. 그의 말은 신학교에 가서는 안된다거나 목회자의 길을 포기하라는 말이 아니다. 단지 부흥을 경험한 사람들이 교회만이 아닌 사회 속으로 들어가 복음의 지평을 넓히기를 힘써야 한다는 말이라 생각한다.

한국 사회에서 기독교는 인기 빵점의 종교가 되었다. 2013년 글로벌리서치가 조사한 '종교의 신뢰도 조사' 연구 결과만 봐도 기독교는 3대 종교 중 신뢰도 18.9%로 꼴찌였다. 2022년 국민일보와 코디연구소가 지앤컴리서치에 의뢰해 진행한 '기독교에 대한 대국민 이미지 조사'에서도 국민 4명 중 3명은 기독교에 대한 호감이 없다고 답했다. 2023년에는 기독교윤리실천운동이 지앤컴리서치에 의뢰해 '한국 교회의 사회적 신뢰도 여론조사'에서 74%가 기독교를 신뢰하지 않는다고 답했다. 과거 일제 치하에서 구국의 종교, 민족의 종교라고 추앙받던 기독교가 이렇게 변한 것은 우리에게 큰 충격을 준다.

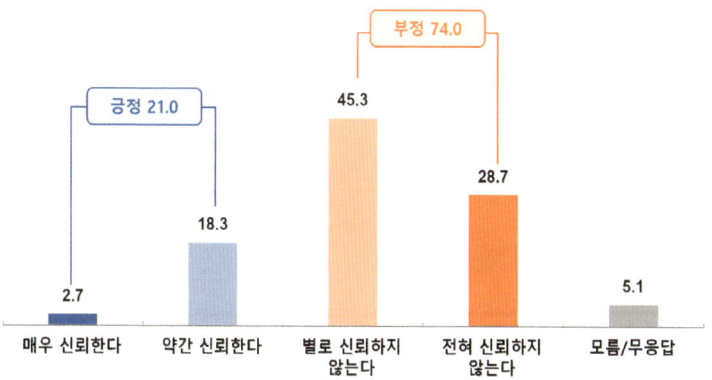

2023년 한국 교회의 사회적 신뢰도 여론조사 중. 전반적 신뢰도[3]

특히 주목해야 할 부분이 있다. 2022년 설문조사에서 다중 대응 분석(MCA·Multiple Correspondence Analysis)이라는 방법을 통해 각 종교에 대한 상징적 단어를 분석했다.

그런데 타 종교들에는 긍정적인 이미지가 많은 반면에 유독 기독교에만 '위선적인', '이기적인', '배타적인' 등의 부정적인 키워드가 가득했다. 이와 비슷한 조사가 2년 전에도 실시되었는데 그 결과는 비슷했다. 왜 기독교에만 유독 안 좋은 이미지가 가득할까?

---

3 기윤실2023 한국교회신뢰도조사 자료집 13쪽 https://cemk.org/cemk_wp/wp-content/uploads/2023/02/기윤실2023_한국교회신뢰도조사_자료집-1.pdf

[그림] 종교인에 대한 이미지(중복 응답)

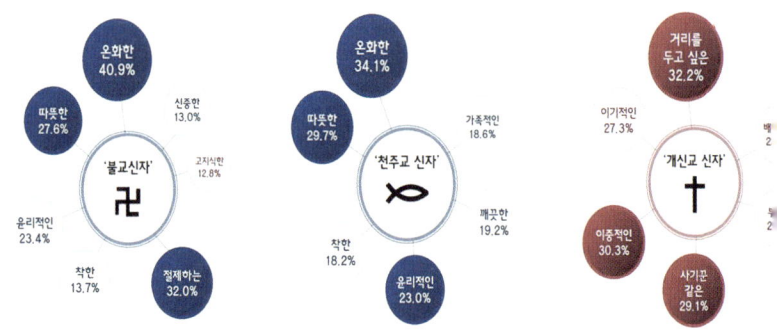

*자료 출처 : 엠브레인 트렌드모니터, '종교(인) 및 종교인 과세 관련 인식 조사' 2020.07.17. (전국 만20~59세 남녀, 1,000명. 온라인 조사, 2020.06.23.~26)
** 조사 시점 : 코로나19 확진자가 28~51명 수준으로 발생했던 기간임(참조:https://livecorona.co.kr/)

2020.7 엠브레인트렌드모니터 설문조사[4]

    이런 상황에서 기독교가 추구해야 할 방향은 무엇일까? 50% 이상의 응답자들이 '사회적 약자 돕기'와 '사회를 향한 올바른 방향 제시' 등 '사회'와 연관된 주제를 제시했다. 기독교가 사회와 분리된 현상에서 나타난 결과라 생각된다.

---

4   목회데이터연구소 Numbers 61호 2020.8.28.
http://mhdata.or.kr/mailing/Numbers61th_200828_Full_Report.pdf

노래하는 목사 구자억

2014년 음악전문채널 Mnet에서 트로트 오디션 프로그램인 〈트로트X〉를 방영했다. 그 방송에서 인기를 끈 한 목사가 있다. 그는 구수한 트로트로 복음 콘텐츠를 노래한 구자억 목사다. 그는 예수그리스도께서 우리를 위해 죽으셨고 복음이 진짜라는 내용을 전하는 〈아따 참말이여〉라는 곡으로 도전했다. 그는 방송 데뷔 후 엄청난 인기를 얻었다. 그리고 그의 사역에도 많은 변화가 일어났다. 감리교단의 목사였던 그는 소속사가 생겼고 앨범을 만들며 지금까지 활발한 활동을 펼치고 있다.

M-net 프로그램에서 트로트로 찬양하는 구자억 목사[5]

---

5 유튜브 Mnet K-POP 채널 '트로트 부르는 목사 구자억_참말이여 @트로트X 1회' 영상
https://www.youtube.com/watch?v=bH7tsULZvbY

내가 구 목사에게 주목하는 이유는 그의 노래를 교회에서만이 아닌, 일반 대중 매장에서 구매할 수 있다는 사회와 연결되는 상징적 의미 때문이다. 그의 활동은 교회와 사회의 높은 담을 한 단계 낮추는데 기여했다. 그는 교회에서 강연과 공연을 하기도 하고, 전통시장에서는 일반 사람들과 어울리며 트로트로 복음을 자연스럽게 전한다. 트로트라는 익숙한 국민 음악 운율에 맞추어 더욱더 친근하게 믿지 않는 사람들에게 복음을 전한다. 전통적인 목사라는 역할 때문에 그를 부정적인 시각으로 바라보는 사람들이 있지만, 교회 안에만 있던 목사가 사회에서 복음을 노래한다는 시도는 새로운 지평을 열어준다.

세상은 분리되어 떨어져 나와야 하는 공간이 아니라 우리의 복음이 전파되어야 할 선교지다. 사도 바울도 그리스도인이 세상을 떠나서 살 수 없음을 말한 바 있다(고전5:10). 그런 면에서 이 선교지에 들어갈 마음도 방법도 없는 것이 문제이지, 사회와 연결되어 고군분투하고 있는 구 목사와 같은 분이 전통 목회의 관점으로 문제라고 인식되어서는 안 된다. 그는 이 시대 기독교가 사회에서 부정적인 이미지를 탈피할 수 있는 훌륭한 대안이 될 수 있다.

나는 그가 공중파에 얼굴을 드러낸 시 일까 안 되

었을 때 인터뷰한 적이 있다. 새로운 사역이지만 좁고 험한 길이었기 때문에 목사로서 그런 선택을 한 그의 생각과 앞으로의 활동이 궁금했다.

그는 목회가 한 영혼을 살리는 것이라면, 영혼을 살리고 병을 고치는 사람이 교회에 오는 사람만 고치고 교회 밖에 있는 사람은 안 고친다는 것은 문제가 있다고 했다. 그의 재능은 노래를 좋아하고 잘하는 것이다. 그의 노래를 통해서 사람들이 위로받고 치유된다.

처음엔 그 노래를 교회 안에서만 했다. 하지만 우연한 계기에 거리 축제에서 노래했을 때, 그곳에 있는 어떤 분이 장사가 안되어 죽을지 살지 고민하고 있었는데 노래를 들으니까 힘이 나고 살아야겠다고 생각하게 되었다고 했다. 이후 우연히 트로트 프로그램에 나가게 되었고, 이제는 교회 밖에서 더 많이 활동하고 있다. 그는 그곳에 가서 트로트로 복음을 전한다. 그리고 사람들은 복음이 담긴 트로트로 기뻐하고 즐거워한다. 이것이 복음 전파자가 나아갈 방향이 아니고 무엇일까!

4) 전통의 가치를 현대에 맞게

아무리 좋은 가치라도 시대에 맞지 않으면 인정받지 못한다. 교회사 교수인 옥성득 박사는 자신의 페이스

북에 1910년대의 갓 장수 사진을 올리고서는 오늘날 교회의 모습이 갓 장수 꼴이라며 스타일, 패션, 문화가 변하고 사상과 신학이 변했는데 여전히 변하지 않고 박물관에 있어야 할 것을 팔고 있다고 했다. 그가 제시한 사진을 보면, 시대가 변하여 갓을 쓰지 않는 시대가 되었는데 갓 장수는 어색한 묘기로 사람들에게 갓을 팔려고 노력하고 있다. 이런 모습을 바라보는 주변의 시선은 어색함과 안쓰러움으로 가득 차 있다. 오늘날의 교회도 이와 같지 않은가 하는 지적이 아닐까?

1910년대 갓을 파는 장수[6]

---
6 옥성득 박사 페이스북
https://www.facebook.com/share/p/m7Z1SYZBbZqET8VA/

교회는 전통에 머물러 있는 가치를 시대에 맞게 변화시키는 노력을 기울여야 한다. 단순하게 생각해서 전통의 고귀한 가치 인식에 머물러 있어서는 안 된다. 우리가 소중하게 생각한다고 해서 사회도 그것을 그렇게 고귀하다고 인정하지는 않는다.

현대의 옷을 입은 경기민요 소리꾼 이희문

소리꾼 이희문은 국가무형문화재 제57호로 지정된 경기민요 이수자이다. 2010년에는 전국 민요경창대회에서 대통령상을 받았고, 2014년에는 국악대상 민요상을 수상했다. 이렇게 유명한 그가 부르는 노래는 어떨까? 여러분은 경기민요를 찾아 들어본 적이 있는가? 그런 콘서트에 가본 적은 있는가? 민요를 요즘 시대에 찾는 사람이 있을까? 그의 배경만 들으면 생기는 여러 의구심을 그는 거뜬히 풀어주었다.

그는 현대문화의 옷을 입고 민요를 대중의 무대에 올려놓았다. 일반적으로 생각할 때 민요는 어느 민속 잔치에나 가야 겨우 들을 수 있는 음악이라 생각하기 쉽다. 대중가요와 비교할 수 없을 정도로 요즘에는 인기가 없는 장르이다. 그런데 이렇게 현대 사회에서 거의 사장되었다고 할 수 있는 민요라는 음악을 이희문 씨는 현대인들이 찾는 음악으로 탈바꿈했다.

공연 중인 이희문 씨 [7]

 그가 여는 콘서트는 항상 매진일 정도로 인기가 높다. 그의 콘서트에 참석한 사람들은 그가 부르는 민요 구절을 듣고 흥얼거리며 따라 부르기까지 한다. 그는 까만 선글라스를 끼고, 가발을 쓰고 파격적인 공연을 연다. 대중들이 좋아할 비트와 분위기를 연출해서 호응을 이끈다.

 이희문 씨를 통해 사람들은 경기민요 가사를 접하게 되었다. 과거에만 머물러 있었을 경기민요는 그를 통해서 현대에도 전승되고 있다. 시대가 달라져 사람

---

[7] 이희문 컴퍼니 페이스북
https://www.facebook.com/LEEHEEMOONCOMPANY

들의 관심에서 사라졌던 경기민요를 새로운 문화의 옷, 포장지를 새롭게 하여 여전히 인기 있고 사랑받는 음악으로 자리매김하게 했다.

그는 경기민요라는 전통적인 가치를 어떻게 이 시대에도 전할 수 있느냐는 질문에 이렇게 답했다.

"원형은 지키되 포장지를 다르게 하는 것이 전통을 유지해 가는 비결입니다."

도구를 바꾼 만화가 장태산

만화가 장태산은 1980-90년대를 휩쓴 유명한 만화가이다. 이현세 씨와 동시대를 살았던 꽤 인기 있는 만화가지만, 2000년대 새로운 시대가 도래하면서 사람들은 그의 이름을 잘 기억하지 못했다. 다른 이유보다도 붓과 펜으로 만화를 그리던 그에게 웹툰이라는 컴퓨터 만화가 등장하면서 대중들의 관심에서 밀려나게 되었다.

하지만 그때에도 장태산 씨는 마우스와 전자펜으로 그리는 짧은 만화의 형태를 거부했고, 그는 도구를 바꾸는 일이 만화의 가치를 훼손하는 일이라고 믿고 있었다. 그렇게 그는 만화에서 멀어져갔다. 그러다 2015년 네이버 웹툰에서 〈몽홀〉이라는 장편 만화를 들고 다시 나타났다. 평점 10점 만점에 9.97을 기록하며 다시 한번 최고의 만화가로 이름을 올렸다.

무엇이 그를 다시 한번 만화계에 이름을 드러낼 수 있게 만든 것일까? 40년 동안 종이에 펜으로 만화를 그려왔기에 웹툰은 어색하고 만화의 가치를 훼손한다고 생각해서 멀리했던 그에게 무슨 변화가 일어난 것일까?

칭기즈칸의 일대기를 다룬 네이버 웹툰 '몽홀'[8]

---
8 네이버웹툰
https://comic.naver.com/webtoon/detail?titleId=644112&no=1&week=fri

그는 이제 사람들이 만화방에 가기보다는 컴퓨터와 스마트폰을 통해서 만화를 본다는 사실을 받아들였다. 그리고 2년 동안 마우스와 펜으로 피나는 노력을 기울였다. 사람들이 찾지 않는 곳에서만 만화를 그리고 있던 자기 모습을 발견하며, 자신이 그토록 중요하다고 생각했던 만화의 본질에 대해 고민했다. 그리고 그는 평생 사용한 붓과 펜을 내려놓았다. 대신 새로운 도구를 받아들이고 익숙하게 사용하기 위해 2년이라는 시간이 걸렸다. 이런 그의 피나는 노력 끝에 다시 사람들이 찾는 만화를 그릴 수 있었다. 오랜 전통을 내려놓고 새로운 방식과 도구를 도입하여 만들어낸 그의 만화에 사람들은 열광했다.

이런 도전 끝에 사람들에게 다시 인정받고 인기 있는 만화가가 되었지만, 다시 한번 그에게 어려움이 찾아왔다. 온라인 만화는 스마트폰으로 많이 보는데 그의 만화는 컴퓨터 화면에 최적화되었기 때문이었다. 그래서 그는 또 잠깐의 휴지기를 가졌다. 스마트폰에서 보기에 적합하도록 세로 스크롤 형식으로 전면 수정했다. 그의 끝없는 노력에 사람들은 다시 열광적인 반응을 보냈고 그의 작품은 최고의 인기를 얻고 있다.

디지털 펜으로 만화를 그리고 있는 장태산[9]

만화에 대한 그의 신념은 변하지 않았다. 대신 새로운 형태인 온라인 만화로 도구를 바꿨을 뿐이다. 그리고 지금도 컴퓨터 앞에서 전자펜으로 이 시대와 통할 수 있는 자신만의 만화를 그리고 있다.

---

9 유튜브 채널 KBS News '웹툰작가라 불리운 사나이'
https://www.youtube.com/watch?v=rHerJ9T2iEk

전통의 가치가 현대인들에게 대중화되지 못할 때 그 가치는 박물관에 보관된다. 박물관에 있는 전시품은 특별한 때, 과거를 회상할 때를 위해 존재한다.

사람들이 전통적인 가치라고 생각하는 기독교의 콘텐츠인 성경 혹은 복음이 결코 박물관에서만 볼 수 있는 콘텐츠로 굳어져서는 안 된다. 우리가 믿기에 이 복음은 과거만이 아니라 현재와 미래에도 소중하게 전수되어야 할 가치이며, 온 세상 사람들이 매일 들어야 하는 늘 새로운 콘텐츠이기 때문이다.

복음의 콘텐츠가 현대에 맞게 재해석되어 현대의 도구를 통해 전파되지 않는다면 우리의 콘텐츠는 오늘날 현대인들에게, 과학기술을 신봉하며 복음을 구시대적 요소로 간주하는 사람들에게 읽히지도 들리지도 않는 콘텐츠가 될 수 있다. 이제 전통을 넘어 혁신으로 나아가야 한다. 이것은 본질을 해치는 게 아니다. 다만 새롭게 해야 할 우리의 역할이 남아 있을 뿐이다.

2. 모방과 창조 사이

1) 올드 콘텐츠가 되어 버린 기독교

혁신을 이루어내기 위해서는 무엇을 해야 할까? 뼈를 깎는 희생과 헌신 없이 혁신은 이루어지지 않는다. 사람들에게 전통은 오랫동안 전수되어 왔기 때문에 안전하고 그 가치가 더 크다고 생각되는 반면 혁신은 당장 눈에 보이지 않을뿐더러 위험을 감수해야 한다.

교회에서 일을 하다 보면 자주 듣는 말들이 있다. 오래된 교회일수록 '이미 해 본 일입니다'라는 대답을 종종 한다. 사실 한국 교회에 복음이 전해진 지 140여 년 동안 우리가 복음을 전하기 위해 해보지 않은 방법이 무엇이 있겠는가! 작금의 기독교가 호감이 없고 온갖 부정적인 인식과 비판이 있는 상황에서 무언가를 새롭게 해나가기란 쉽지 않다.

그동안 한국 교회는 선진적인 교육 시스템으로 한국 사회를 선구적으로 이끌었다. 일제 치하 35년을 거치면서 먹고 사는 문제로 힘들고 교육은 꿈도 꿀 수 없는 상황 속에서 선교사들은 교회학교를 시작해 우리 자녀들을 교육했다. 그들은 무상으로 교육하고 돌보아주었으며 한국 사회가 발전하는 데 큰 도움을 주었다. 교회에서 열리는 문학의 밤은 연극, 시 낭송, 노래, 안무 등 그 당시 온갖 문화가 다 녹아져 있는 가장 최고의 인기를 누리는 문화 프로그램이었고, 교회의 수준 높은 문화 교실은 한국 사회의 문화적 성장을 견인하는 역할을 해왔다. 선교사들이 세운 병원과 복지시설은 가난하고 실의에 빠진 한국 사회를 밝게 비춰주었다. 그뿐만 아니라 한국 교회의 지도자들은 민족문제에 앞장서서 민주화를 이끌고 선구적인 역할을 감당하여 오늘날의 한국 사회가 형성되는 기틀을 마련할 수 있었다.

세브란스병원의 시초인 제중원[10]

---

10 세브란스병원 홈페이지 연혁 자료
https://sev.severance.healthcare/sev/about/history.do

그런데 지금 한국 교회는 이런 기능과 역할을 이미 국가와 시장에 빼앗긴 상태다. 1950년대 전쟁 후 한국 사회는 복지가 전혀 없는 시기였지만 1960년대 처음으로 사회복지 시스템의 기초가 놓이고, 2000년대부터 전 국민을 대상으로 한 복지정책이 포괄적으로 시행되면서 그동안 교회가 감당해 왔던 교육과 복지, 문화 영역은 국가에서 맡아 더 전문성 있게 시행하고 있다.

교회의 문화교실보다 행정복지센터의 문화센터가 더 활발하고 전문적으로 운영된다. 교육영역은 이미 비교할 수 없을 정도로 교회는 더 이상 따라가기 어려운 정도가 되어버렸다. 과거 교회는 이웃집을 집집이 방문하며 어려운 이웃들을 돕고 복음을 전할 기회를 얻었지만, 이제는 복지 영역도 사회복지사 1만 명의 시대에 들어서서 사회적으로 더 잘 관리하고 있다. 아직 선진국 대열에 들어서기 부끄러운 수치이긴 하지만 과거에 비해 한국 사회는(2024년 현재 우리나라 GDP의 12.2%를 사회 복지에 투자할 정도로) 더 많은 돈을 사회복지 영역에 투자하고 있다.

교회가 오랫동안 해 왔던 사역이 이전에 비해 축소된 상황에서 교회는 무엇으로 사회에서 제 역할을 감당하며 효과적으로 복음을 전할 수 있을까? 이미 올드 콘텐츠로 전락해 버린, 또 복음이 들어갈 수 있는 영역이 선점되어 버린 상황에서 교회는 무엇을 할 수 있을까?

2) 모방에서 창조로

우리나라에 가장 많은 커피 전문점은 무엇일까? 스타벅스? 아니다. 해외에 로열티를 내지 않는 순수 국내 브랜드 〈이디야〉이다. 2023년 3900호점을 달성했다. 코로나와 값싼 커피 매장들이 앞다투어 경쟁하는 상황 속에서도 2024년 현재 가장 점포 수가 많은 곳은 이디야이다.

왜 많은 사람이 커피점을 열 때 이디야를 선택하는 것일까? 이디야는 다른 브랜드보다 폐업률이 낮다. 카페를 열고 장사가 잘 안되면 문을 닫는 비율이 높아야 하는데 이디야는 문을 닫지 않아도 될 정도로 장사가 잘된다는 이야기다. 어떻게 그런 커피점이 될 수 있었을까?

이디야 커피는 다른 브랜드 커피와 비교해서 30~40% 싸다. 그러나 가격이 싼 것만으로는 경쟁하기 어려운 곳이 커피 시장이다. 이디야에는 특별한 무언가가 더 있다. 이미 레드오션이 되어 버린 시장에서, 또 브랜드 커피가 자리 잡은 시장에서 무언가 특별한 비법(?)으로 이 위기를 뚫고 제1위의 커피 전문점이 되었다. 무엇일까?

이디야 커피

바로, 벤치마킹이다. 이디야는 모방에서 창조를 이루어냈다. 이디야 커피는 점포를 낼 때 기본적으로 스타벅스가 들어서는 곳 주변에 매장을 내는 전략을 펼쳤다. 스타벅스는 점포 하나를 낼 때 다양한 분석으로 꽤 까다로운 조건에 맞는 곳에만 내는 것으로 유명하다. 그래서 스타벅스가 어느 곳을 선점하여 자리를 내면 그 주변에 있는 커피 전문점은 생존하기 어렵다는 생각으로 스타벅스가 있는 곳을 피해서 간다. 브랜드 가치와 물량 공세로 그들과 경쟁할 수 없다고 생각되기 때문이다.

11 이디야커피 홈페이지
https://www.ediya.com/C/contents/company.html

그런데 이 말을 다르게 생각하면, 스타벅스가 들어선 곳은 전문적인 분석으로 그야말로 대박인 장소이고 스타벅스가 있는 곳에는 사람들이 몰린다는 말이다. 이디야는 이것을 이용했다. 그래서 스타벅스를 따라갔다. 다른 커피점들은 스타벅스를 피해 다른 길로 갔는데, 이디야는 스타벅스가 있는 곳 주변에 점포를 냈다. 그리고 똑같은 품질 혹은 더 좋은 품질의 원두와 더 값싼 가격의 커피를 판매했다.

스타벅스에는 너무 사람이 많아 짧은 점심시간에 이용하기 어려운 상황이 발생할 때 그 옆에 이디야가 그 사람들을 유인했다. 값이 싸니까 품질이 떨어지리라 생각했던 소비자들의 생각이 깨지고, 사람들은 스타벅스에 왔다가 이디야에 가게 되는 상황이 발생하게 되었다.

매장 폐점률 1%밖에 되지 않는 이디야의 생존 발전 비법은 높은 브랜드 가치를 지닌 커피점이 다 선점한 시장에서 그들을 따라가기로 선택한 것이다. 품질에 자신이 있다면 방법론의 문제만 해결하면 된다. 그리고 그 방법론은 전통을 깨는 혁신이어야 하는데, 혁신은 절망과 패배주의, 현실적인 생각을 뚫고 가야 한다. 이디야는 모방에서 창조로 자신들만의 방법론을 만들어냈다.

3) 뒤처질 수 있지만 잊혀서는 안 된다

한국 교회도 이런 전략이 필요할 때다. 이미 다 해 보았다가 아니라 이미 다 해 본 그곳에서 새롭게 시작하는 전략이 필요하다. 혁신은 전혀 새로운 곳에서 시작되는 것이 아니라 필요가 발생하는 지점에서 시작된다. 그 필요를 만족하는 지점이 어디인가? 그런 필요에 만족할 만한 답변을 가진 곳, 사람, 단체, 방법은 무엇인가? 철저한 현실분석에서 혁신이 시작된다.

지금의 한국 교회는 조금의 과장을 보태자면 침몰 중이다. 내 말이 아니다. 교회를 분석한 전문가들과 목회자 그룹에서 흔히 들을 수 있는 공통된 분석이다. 그뿐만 아니라 한국은 세계에서 출생률이 가장 낮은 나라이다. 이 문제는 사회의 영역으로만 남아 있지 않고 교회의 미래와도 연관된 중요한 이슈이다. 다음 세대의 기독교인 비율이 점점 떨어지고 있는 상황에서 한국 교회의 미래를 책임질 세대가 없고, 신앙의 전승이 이루어지지 않고 있다. 이미 한국 교회는 젊은 세대가 무종교 주의와 기독교의 부정적 이슈로 인해서 이탈하는 현상이 가속화되고 있고, 교회학교가 없는 교회가 절반 이상이 된다는 통계가 있을 정도로 어려운 상황이다.

이런 시대적 상황에서 혁신은 필수적이다. 한국 교

회는 이 시대의 필요를 잘 파악해 그것을 채워주고 있는 수단이 무엇인지 분석해야 한다. 현대인들에게 어필하고 있는, 이른바 사회에서 잘 나가는 게 뭔지 확인하고 거기서부터 시작해야 한다. 사회가 교회 문턱을 넘는 것이 어려운 단계에서 이제는 아예 쳐다보지도 않는 단계로 나아가고 있는데 이를 멈추게 할 방법은 무엇인지 주변을 잘 살펴야 한다.

창조는 모방으로부터 비롯된다. 성(聖)과 속(俗)의 이분법적인 생각에 갇혀 교회 바깥의 것은 모두 다 버리는 전략은 성경적으로나 시기적으로 옳지 않다. 과학과 문화 예술, 모든 영역이 대상이 될 수 있고, 그 어떤 것이든 우리의 모방의 대상이 되어야 한다. 시대에 뒤처질 수는 있으나 시대 속에서 잊혀서는 안 된다. 잊히지 않기 위해서 부단히 몸부림쳐야 한다. 예수 그리스도는 전 시대를 통해서 전파되어야 할 분이시지 않은가!

3. 온라인과 IT

1) 온라인은 선교지다

코로나 기간 동안 전 세계는 온라인을 통해 연결되어 일하고 생활했다. 서로 만날 수도 모일 수도 없는 비대면이 일상이 되었을 때 온라인이라는 수단을 통해서 그동안 해왔던 많은 일들을 대체했다. 그 덕분에 온라인 화상회의 툴은 온 국민이 사용할 수 있다시피 되었고, 유튜브와 OTT는 사람들의 1순위 사용 앱이 되었다.

와이즈앱, 리테일, 굿즈가 한국인 스마트폰 사용자들을 대상으로 2024년 4월에 조사한 결과에 따르면, 한국 사람들은 하루에 3시간씩 스마트폰을 이용하고 1시간 이상씩 유튜브를 시청한다. 청소년들은 이보다 더 많이 이용하고 스마트폰 의존도는 심각할 정도로 높다.

요즘 사람들은 극장에 가서 영화를 보기보다 노트북이나 스마트폰으로 넷플릭스를 더 많이 시청한다. 오프라인으로 만나는 것보다 SNS에서 사람들의 안부를 묻고 대화를 하는 경우의 수가 더 많다. 그야말로 온라인(On-line)이 노멀(Normal)이 된 시대가 되었다.

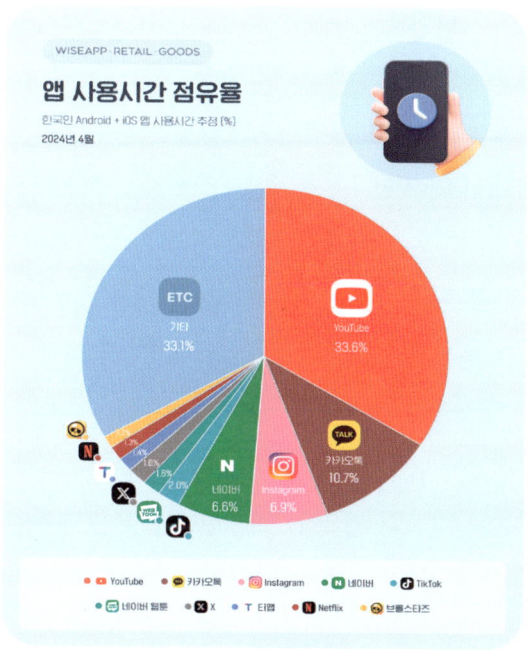

앱 사용시간 비율 [12]

과거에는 시장과 정거장에 가야 사람들을 가장 많이 만날 수 있어서 그곳이 복음 전도의 최적지가 되었지만, 지금은 정류장에 가도 전도지 한 장 나누어 주기 어려운 시대, 오프라인 만남보다는 온라인에서 만

---

[12] 와이즈앱 홈페이지 인사이트 보고서 자료 '앱 사용시간 점유율'
https://www.wiseapp.co.kr/insight/detail/545

나기가 더 쉽고 효율적인 시대가 되었다. 온라인은 어느덧 선택이 아닌 필수가 되어 버린 것이다.

그렇다면 교회의 온라인에 대한 시각은 어떠할까? 온라인은 아직도 위험지대처럼 생각된다. 코로나 기간에 보여준 몇몇 한국 교회의 모습은 그런 인식을 분명하게 보여주었다. 온라인으로 예배를 드리는 것은 절대 용납할 수 없다며 온라인으로 드리는 예배는 예배가 아니라는 인식까지 있었다. 지금의 젊은 세대는 유튜브를 통해서 정보를 취득하고 SNS에서 온라인으로 교제하는데, 우리 기독교는 그들이 있는 온라인 세계에 갈 생각이 없다.

복음을 전하기 위해 정류장에 가서 전도지를 주며 복음 전할 기회를 얻으려고 노력한다면, 하루에 제대로 복음을 전할 기회를 얻을 수 있는 경우의 수는 아마도 3~4명, 많아도 5명을 넘기지 못할 것이다. 그것도 버스가 오기 전 잠깐의 시간밖에 얻을 수 없다. 게다가 요즘 사람들은 이단들의 사기적인 포교와 기독교의 무례함 때문에 만나주지도 않으며 흔쾌히 전도지를 받지도 않는다.

그런데 만약 복음에 대한 콘텐츠를 유튜브에 올린다면 사람들은 1시간도 안 되어 시청할 수 있고, 영상은 쉴 새 없이 새로운 사람들에게 노출될 수 있다. 내가 있는 곳만이 아닌 세계 곳곳에 있는 사람들에게 영상 콘텐츠가 전달되는 셈이다.

개인주의가 만연한 현시대에 우울한 사람들이 늘어나고 있다. 그들은 유튜브에서 우울할 때 어떻게 해야 하는지를 묻고 그 질문에 답을 주는 영상을 시청한다. 한 영상은 우울할 때 어떻게 해야 하는지를 주제로 만들어졌는데 100만 명 이상이 시청을 했다.

〈번개탄TV〉라는 유튜브 콘텐츠가 있는데 이곳은 많은 전문 사역자가 자신의 재능을 가지고 TV 방송국처럼 운영하고 있다.

왜 채널 이름이 '번개탄'일까? 번개탄TV를 만든 임우현 목사는 자살을 시도하는 사람들이 유튜브에서 가장 많이 검색한 단어가 번개탄이라는 것을 알고 거기서 아이디어를 얻었다.

사람들이 죽고 싶을 때 검색하는 번개탄을 입력하면, 번개탄을 사용해 죽는 방법이 아니라 반대로 죽고 싶은 사람들의 삶에 위로와 희망을 주는 번개탄TV가 검색되어 그것을 보고 살게 하려는 목적으로 이름을 정했다고 했다. 실제로 한 학생이 죽고 싶어서 번개탄을 검색했는데 번개탄TV의 찬양과 메시지가 검색되었고 이 영상을 보고 살게 되는 일도 있었다고 한다.

번개탄TV 유튜브[3]

사람들은 온라인에서 살고 있다. 그렇다면 복음의 현장은 온라인도 포함되어야 한다. 더군다나 요즘 젊은이들은 온라인을 배제하고 살 수 없을 정도로 이것을 의지하고 있다. 그러므로 복음도 이에 맞게 준비되어 그들 삶의 현장인 온라인에서 펴져야 한다.

마샬 맥루한(Marshall McLuhan)은 "매체는 메시지다"(The medium is the message)라는 유명한 말을 했다. 메시지가 전달되는 통로인 매체가 메시지만큼 중요하고 매체와 메시지는 유기적으로 작동된다는 것이다. 한 나라의 대통령이 나라에 일어난 안 좋은 급박한 소식을 텔레비전이 아닌 우편을 통해서 전

---

13 유튜브 채널 '번개탄TV'
https://www.youtube.com/channel/UCFTQkZ7vqcWjPkN4KeEyHdw

달하기로 선택한다면 어떻게 될까? 둘 다 정보를 전달하는 수단이지만 텔레비전은 실시간으로 현장감 있게 소식을 전할 수 있는 수단이 되는 반면, 우편은 텍스트로만 정보를 접할 수 있고 소식을 접하기까지 시간이 오래 걸리게 되어 이에 대한 대응이 늦어질 것이다. 그래서 대통령이 어떤 매체를 선택했느냐는 곧 이 사람의 의도가 담긴 메시지라고 할 수 있다.

교회가 오프라인 매체만 고집하고 현대 사회에 소용되는 온라인 내체를 통해 선교하시 않기로 한다는 것은 현대인들에게 직간접적인 메시지가 된다. 기독교는 우리 세대에는 관심이 없다거나 우리와 소통하고 싶지 않다는 메시지를 주는 것이다. 또한 현대인들이 자주 접하고 이용하는 수단이 아닌 올드 미디어만을 통해서 복음을 전한다면 현대인들이 이해하기 어려워하거나 그들과 아예 접촉하지 못할 수도 있다.

2) IT 기업 스타벅스

스타벅스는 전 세계 80개국에 38,000여 개의 매장을 보유하고 있는 거대 커피 전문점이다. 스타벅스는 커피로만 유명한 게 아니다. 스타벅스를 '테크(Tech) 기업'이라 부른다. 왜일까? 커피 전문점에 '사물인터넷', '블록체인'과 같은 단어가 어울릴 것 같지 않지만 스타벅스는 이러한 최첨단의 정보통신 기술을 최고의 커피 생산을 위해 적극 활용하기 때문이다. 그래서 커피를 만드는 회사인데 IT 기술직 임원의 비중이 높다.

스타벅스[14]

스타벅스는 전 세계 매장에서 동일한 맛의 스타벅스 커피를 만들기 위해 커피 머신에 사물인터넷(IoT)을 설치했다. 커피를 만들 때 압력과 온도, 물의 양과 원두의 상태 등의 정보를 IoT가 수집해 클라우드에 업로드하고 이 데이터 값을 가지고 전 세계 매장을 컨트롤한다. 그래서 전 세계 매장의 커피가 동일한 커피 맛을 낼 수 있다. 게다가 커피 원두의 투명한 관리를 위해서 블록체인 기술을 이용한다. 매장의 재고 관리

---

14 스타벅스 커피
https://pixabay.com/photos/starbucks-coffee-shop-street-city-5460799/

는 AI가 감당하는데 무게와 카메라를 통해 무슨 재료가 얼마나 부족한지를 감지해 발주량을 제안하고 그것에 따라 주문한다.

스타벅스의 온라인 주문 시스템인 '사이렌오더'에는 우리가 아는 단순한 기능 이상의 IT기술이 적용돼 있다. 초음파를 이용해 위치를 감지하는 '하이브리드 비콘' 기술이 사용돼 사용자가 어느 매장에서 주문하는지를 자동으로 인식하여 주문할 수 있게 한다.

스타벅스 사이렌 오더[15]

커피 회사에서 왜 이렇게 IT 기술에 관심이 많을까? 현대인들의 삶을 파악하고 적절하게 대처하기 위

---

15 https://apps.apple.com/kr/app/%EC%8A%A4%ED%83%80%EB%B2%85%EC%8A%A4/id466682252

해서는 IT가 필수적이기 때문이다. 이제는 옛날처럼 노트에 기록하고 업무하는 회사는 거의 없다. 컴퓨터를 하지 못하면 일할 수 없는 시대이다. 코로나로 비대면 사회가 되었을 때는 Zoom과 같은 화상회의 앱을 사용하는 것이 필수적이었다면 이제는 AI가 대세이다.

유력 IT회사들이 인공지능과 관련해서 연구 및 개발에 박차를 기울이는 것도 4차 산업혁명 시대에 인공지능 기술이 핵심적인 요소가 되기 때문이다. 말 한마디로 문서를 만들어주고 그림을 그려주고 음악을 만들어주고 예약을 해주는 등 이전과 다른 시대가 이미 시작되었다. 현대인들의 삶에 IT를 빼놓고 생각할 수 없다면, 이제는 교회가 IT 친화적으로 변해야 한다. 그렇지 않으면 신용카드로 결제하는 시대에 현금으로만 결제하겠다고 버티다가 뒤로 밀리는 결과를 맞이할 수 있게 될지도 모른다.

3) 생성형 AI를 통해 성경이 답하게 만든 초원 AI

최근 Chat GPT로 촉발된 생성형 AI 기술 덕분에 많은 유용한 서비스들이 많이 생겨났다. 그중 기독교 벤처기업인 〈초원〉에서 성경을 인공지능에게 학습해 '초원 AI' 서비스를 출시했다. 성경에 대해 질문하면 성경을 분석해 상황에 맞게 인공지능이 답해준다. 자신의 어려운 상황을 이야기하면 그 상황에 맞는 기도문과 성경의 메시지를 제공한다. 방대한 성경을 혼자서 공부하기 어렵거나 목회자들에게 창피해서 또는 기회가 없어서 질문하지 못하는 젊은 사람들에게 '초원 AI'는 내용들을 묻고 답을 들을 수 있어서 유용하게 활용되고 있다.

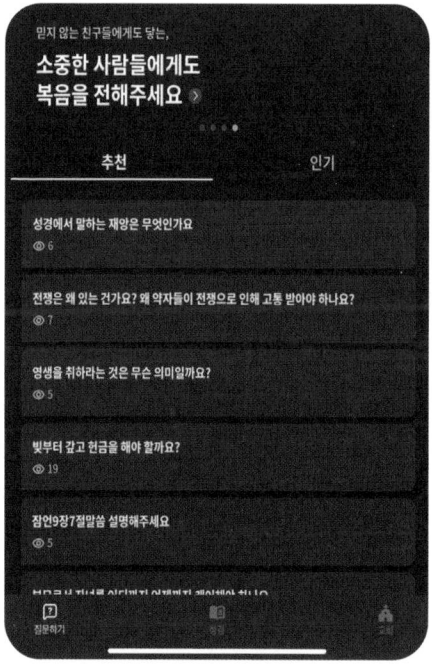

초원 AI 웹사이트 화면[16]

16　초원AI 화면 https://chowon.in/

젊은 목회자들을 위한 미래 목회 세미나에 초원의 김민준 대표를 초청한 적이 있다. 강의 중에 김민준 대표는 이단들이 기술을 정말 잘 이용하는 데 반해 기독교는 기술을 경계하고 잘 이용하지 못하고 있다며 안타까워했다. 그는 연간 15억 정도의 비용이 드는 초원 AI를 무료로 운영하고 있다. 이 서비스를 영리 목적이 아닌 선교적 목적으로 운영되기를 소망했기 때문이다.

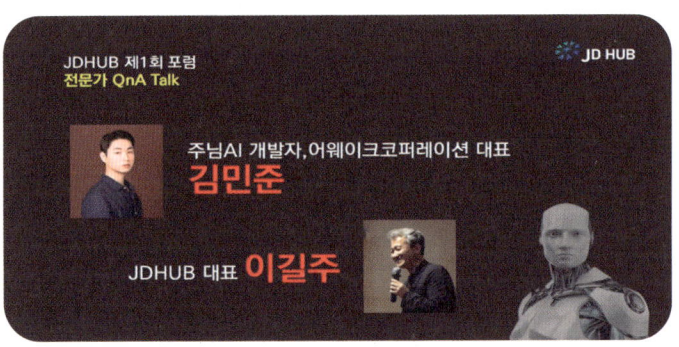

김민준 대표 초청 세미나

4) 새내기 엄마의 스마트폰 사용

스마트폰을 가장 많이 사용하는 사람은 누구일까? 청소년? 아니다. 이 문제의 정답은 '새내기 엄마들'이다. 언뜻 생각하기에는 청소년들의 스마트폰 문제가 심각하기 때문에 그들이 가장 많이 사용할 것 같지만 실제로는 아이를 키우는 새내기 엄마들이 스마트폰을 가장 많이 사용한다. 1주일에 37시간이나 사용할 정도로 31시간을 사용하는 청소년보다 더 많이 사용하고 있다. 이러한 통계의 결과는 아이를 낳은 여자들이 사회에서 고립되어 있다는 것을 알려준다. 아이를 낳고 집안에서 육아 문제로 친구들을 자주 만나지 못하고, 취미생활도, 직장 생활도 하지 못하는 아기 엄마들에게 스마트폰은 사회와 소통할 수 있는 창구가 되고 있다는 점을 알 수 있다.

이렇듯 현대의 다양한 상황과 환경 속에서 온라인과 정보통신 기술은 오프라인의 한계를 극복하는 유용한 수단이 되고 있다. 일하느라 공부할 기회를 가지지 못한 사람들에게는 저녁에 온라인을 통해 공부할 수 있는 기회를 제공하고, 먼 곳에 떨어져 있어 만나지 못하는 사람들과는 소통할 수 있는 수단이 된다. 장애 때문에 움직이지 못하는 사람들에게는 온라인 네트워크를 통해 유기적인 연결점을 제공한다. 상황이 이러한 만큼 새로운 인식으로 이들을 향해 접근하는 것이 한국 교회의 새로운 희망을 쌓는 길이 될 것이다.

II.

1. 왜 재능 목회인가?

목회는 어떻게 하는가?

재능 목회의 운영과 특징

4. 이중직 목회와 재능 목회는 다르다

이중직 목회와 재능 목회의 차이

재능 목회는 성경적 사역이다

2. 재능 목회는 선교적 교회론을 실천하는 목회다

재능 목회와 선교적교회론의 공통된 가치

건물 밖으로 벗어나라

3. 재능과 목회가 연결되어야 한다

II. 제자훈련 목회는 성경적 사역이다

1. 왜 재능 목회인가?

 우리는 오늘날과 같이 빠르게 변화하는 온라인 중심의 시대 속에서 어떻게 선교할 수 있을까? 어떻게 주님 오시는 날까지 제대로 목회할 수 있을까? 전통적인 교회의 가치관과 방법론으로 가능할까? 이렇게 지내도 한국 교회의 미래는 괜찮을까?

 역사 속에서 변화를 거부하고 안주했던 집단은 도태되거나 잠깐의 화려한 불빛을 한번 내뿜고 사그라져가는 촛불처럼 꺼져갔다. 지금의 시대적 변화는 주님께서 우리에게 주시는 메시지를 담고 있다. 하나님은 시대마다 선지자들을 여러 부분과 여러 모양으로 보내셨다고 말씀하셨는데, 그 선지자들은 한결같이 다 다르고 독특한 방식으로 주님의 말씀을 전했다. 오늘날 선지자들을 보내신다면 지금 시대에 맞게 다른 모습으로 나타날 것이다. 오늘의 변화된 시대는 또 다른 시대적 선지자의 모습을 요청하고 있다.

히브리서 1:1-2

옛적에 선지자들을 통하여 여러 부분과 여러 모양으로 우리 조상들에게 말씀하신 하나님이 이 모든 날 마지막에는 아들을 통하여 우리에게 말씀하셨으니 이 아들을 만유의 상속자로 세우시고 또 그로 말미암아 모든 세계를 지으셨느니라

  이제는 재능 목회다. 재능 목회를 해야 할 시대다. 하나님께서 주신 재능을 따라 선교적 삶을 살아야 할 시대가 도래했다. 교회도, 목회자도, 성도들도 선교적 목표를 가진 제자로 다시 서야 하고, 그들의 삶은 주어진 현장에서 자신에게 있는 전문성과 소명을 가지고 일상의 선교사로 살아가야 한다. 건물 안에서 모인 사람들끼리만 시간을 보내서는 안 된다. 주님이 우리에게 평생 사명으로 주신 선교를 이룰 수 있는 교회와 개인이 되어야 한다.

  이를 위해 새롭게, 한국 교회의 목회자들에게 재능 목회를 제안하는 바이다. 재능 목회는 주님이 주신 사명을 이루는 선교적인 목회 방법론이다. 전통적 목회 방식은 주로 건물 중심, 주일 예배와 설교에 중점을 두고 있다. 신학교를 졸업한 목회자들은 대부분 이러한 전통교회로 들어가서 평생을 이 방식으로 사역한다. 하지만 전통목회는 현대사회의 급격한 변화에 제대로 대처하지 못하고, 복음 전파에도 효과적이지 않은 모습을 보인다. 오히려 폐쇄적인 건물 중심의 시스

템으로 사회에 부정적인 이미지로 각인되고 이제는 사람들에게 무관심의 대상이 되어 버렸다.

또한 전통을 고수하며 사회 변화를 수용하지 않고, 코로나로 촉발된 온라인과 디지털 시대를 거부했던 모습 때문에 전통교회는 사회 속에서 영향력을 행사하지 못하고 오히려 복음 전파에 걸림돌이 되고 있다.

목회자들이 전통적인 목회 방식으로는 더는 그 자리에 머무를 수 없을 만큼 교회 환경도 어려워지고 있다. 교인 수가 급감하고 교회 수도 감소하고 있다. 이러한 현상은 특히 개척교회나 작은 교회에서 그 어려움이 크게 나타난다. 부동산 가격의 급등으로 인해 예배당 월세를 내지 못해 밖으로 내몰리고 있다. 뿐만 아니라 신학교 졸업 후 교회에 부임하여 전임 사역하기를 원하는 사역자들은 부임지를 찾지 못하고 있고, 담임 목회 자리는 한정되어 있고 줄어가는데 비해 매년 배출되는 목사의 수는 여전히 수요보다 공급이 더 큰 현상이 이어지고 있다.

그런 면에서 재능 목회는 이러한 사회적 요구에 부응하며, 개인의 재능 활용과 사회적 참여를 통해 교회의 전통적인 사역 범위를 넘어서 확장해 나갈 수 있는 새로운 목회 방법론이다. 재능 목회는 건물 중심의 목회를 지양하기 때문에 부동산 천국의 한국 사회에서 긍정적이고 안정적인 사역을 해나갈 수 있고, 사회 속에서 이루어지는 사역 형태이기 때문에 사람들과 소통할 수 있으며, 전문적인 재능을 통해 일함으로 신뢰성 면에서도 더 유리한 고지에 오를 수 있다.

또한 재능 목회는 건물교회 목회지로 들어가 담임 목사가 되는 것에 방점을 찍지 않고, 신학교를 졸업한 후 선교적 목적을 위해 자신의 재능을 따라 전문 분야에서 선교하는 형태이다. 같은 목적을 가진 사람들과 공동체를 이루어 예배하고 선교적 목표를 이루기 위해 함께 기도하고 예배하며 다시 세상 속으로 들어간다. 세상에서 보내는 6일의 시간은 힘들고 지겹게 보내야만 하는 시간이 아니라 선교사적 사명을 가진 목회자와 성도가 세상에서 다양한 모습으로 복음을 전하는 시간이다.

재능 목회를 신앙공동체에서 실현할 때 기존 교회관과 무엇이 다른지 생각해 보자.

[공동체는 누구인가?]

선교적 목표를 가진 제자공동체가 구성원이다. 그들은 종교서비스를 받으러 오는 사람들이 아니다. 설교 메시지를 듣고 은혜 받으러 주일에 한번 공동체에 참석하는 사람들이 아니다. 그래서 재능 목회 공동체는 특별한 부르심을 받은 준비된 성도들로 구성된다. 제자로서의 사명을 가진 사람들이 함께 모여 세상 가운데 복음을 전하기 위해 모인 공동체이다. 재능 목회 공동체는 교회당을 채우기 위한 목표를 갖지 않고 선교적 본질을 이루는 것을 최우선의 사명으로 생각한다.

[교회는 어디에서 모이는가?]

모이기 위한 물리적인 건물 공간을 필요로 하지만, 건물 안에 모인 사람을 교회로 규정하지 않는다. 동시에 건물 안에 모인 사람의 수로 교회가 규정되지도 않는다. 재능 목회 공동체는 건물교회를 벗어나 어디에서든 모이고 흩어질 수 있다. 그들 공동체가 모이는 곳이 예배당이 된다. 건물에만 매여 있지 않으므로 부동산에 얽매이지 않아도 된다. 멋지고 아름다운 건물이 교회를 설명하거나 드러낸다고 생각하지 않고, 그 공동체가 '무엇을' 하느냐에 따라 교회로 규정된다.

[어떻게 예배하는가?]

기존 전통교회 시스템처럼 주일에 예배한다. 그러나

일주일에 1시간만 예배한다고 생각하지 않고, 재능 목회 공동체의 교인은 일주일의 6일도 예배하는 시간으로 여긴다. 사회 속에서 6일을 살아가는 그 시간도 그리스도인의 정체성을 가지고 살아가야 하는 시간이다. 그래서 주일은 세상 속에서 선교적 삶을 살고 온 성도들이 함께 모여 위로받고 쉼을 누리는 시간이며, 주 안에서 안식을 누리는 시간이다.

[목회는 어떻게 하는가?]

재능 목회 공동체는 모든 공동체원이 서로가 서로에게 도움이 되어주는 공동체다. 목회자 한 명이 모든 짐을 지고 사역하지 않는다. 성경과 신학, 예배와 관련되어 전문성을 가진 목회자가 필요하지만, 그 밖의 일들에 대해서는 재능에 따라 헌신을 하는 사람들이 중심이 되어 움직인다.

[일상의 삶은 어떻게 움직이는가?]

목회자와 성도들이 자신의 전문 분야를 가지고 일한다. 자신이 가진 재능을 찾아 직업을 선택하고 현재 하는 일에서 자신의 재능과 연관된 분야를 찾아내 전문성을 키우고 드러낸다. 성도들은 일상의 삶 가운데 선교를 위한 직업적 소명을 매일같이 확인하고 하나님 나라의 가치를 추구하며 산다. 착한 행실을 통해서 하나님을 알 수 있게 하고, 성도들이 하고 있는 일을 통해 사람들과 관계하며 그 관계 속에서 복음을 전한다. 목회자는 선교를 위해 자신에게 주신 재능을 발견하고, 그 재능을 이용해 선교적 목적을 가장 잘 드러내는 목회 콘텐츠를 기획하여 사회 속에서 운용한다. 다양한 일을 하지만 일의 목적은 선교이고 일은 도구가 된다.

2. 재능 목회는 선교적 교회론을 실천하는 목회다

  선교적 교회론은 교회의 본질적 사명을 회복하고 이 땅에 하나님 나라를 이루기 위해 20세기 중반부터 등장한 교회론이다. 교회는 단순히 예배와 교제를 위해 모이는 공동체가 아니라 세상 속에서 하나님의 사명을 수행하기 위해 존재하며 세상 속으로 보냄 받은 존재이다. 즉, 교회는 선교가 사명이자 목적임을 자각하며 살아야 한다.

[재능 목회와 선교적 교회론의 공통된 가치]
  본질: 교회는 본질적으로 선교적이어야 한다. 교회의 존재 이유와 목적은 하나님의 선교에 있다. 교회는 세상에 하나님의 사랑과 구원을 전파하기 위해 존재하는 곳이다.
  사명: 교회의 모든 활동과 프로그램은 하나님의 사명을 수행하기 위해 조직되고 운영된다. 이는 예배, 교육, 봉사, 사회 참여 등 모든 영역에서 드러난다.
  참여: 선교적 교회론에서 성도들은 하나님의 사명

에 참여하는 이들로 서로 연합하고 지원하는 공동체이다. 교회는 이들을 훈련하고 세상 속으로 파송하고 지원하는 역할을 한다.

문화: 교회는 시대적, 문화적, 사회적 배경 속에서 하나님의 복음을 효과적으로 전하기 위해 문화에 적응할 수 있어야 한다. 선교의 맥락에 따라 형태와 방법을 유연하게 조정할 수 있다. 본질이 변하지 않는 이상 도구와 방법론은 얼마든지 바뀔 수 있다.

공공성: 교회는 내부적인 응집성을 위해 존재하는 것이 아니라 세상에서 공적인 역할을 감당해야 할 책임이 있다. 하나님이 소중하게 가르쳐주신 정의와 평화, 사랑의 가치를 사회 속에 실현해야 한다.

선교는 선교단체만의 역할이 아니고 선교사만 하는 것이 아니다. 하나님의 선교는 하나님의 부르심을 받은 온 성도들이 해야 하고 그것은 교회의 사명이 된다. 성경은 우리에게 요청하고 있다. 그러나 현대의 교회는 이런 본질적인 교회의 사명보다 건물교회 안에서 안주하며 기독교 왕국에 있는 것과 같은 삶을 살고 있다.

주후 313년 로마제국의 콘스탄티누스 황제가 기독

교를 공인한 이후 크리스텐덤(Christendom), 즉 기독교 국가가 시작되었다. 이후 기독교가 국교로 되면서 로마는 모든 사람이 다 성도인 시대가 시작되었다. 사회, 문화, 정치, 경제의 모든 영역에서 기독교가 중심인 그야말로 기독교 왕국 속에서 교회는 선교의 동력을 잃어버렸다. 크리스텐덤 시대의 교회는 핍박받았던 때와 다르게 생명력을 잃어버리고 안주하고 부패하여 오히려 기독교적이지 않게 되었다.

그런데 오늘날 한국 기독교가 크리스텐덤 교회의 모습을 보인다고 많은 학자들이 지적하고 있다. 이미 기독교 왕국이었던 로마 제국의 시대는 지나간 지 오래고, 포스트 크리스텐덤(Post Christendom) 시대를 맞이했는데도, 교회는 옛 영광을 떠올리며 사회 속으로 들어가 선교해야 하는 필요성을 느끼지 못한다. 더욱이 한국 교회는 이 사회 속에서 크리스텐덤을 경험한적이 없는데도 서구 교회의 교회론을 그대로 이식 받아 크리스텐덤적 형태를 띄고 있다는 평가를 받고 있다.

오늘날의 전통교회는 사회와는 담을 쌓고 살며, 사회는 속된 곳이고 교회는 거룩한 곳으로서 구원받으면 교회 안에서만 모여 살아야만 하는 곳으로 인식하게 했다. 그래서 교회 안의 신자들을 늘려가는 것이 목표가 되어버렸고, 땅끝까지 복음을 전파해서 제자 삼으라는 교회의 사명을 잊어버린 듯하다. 선교 프로그램이나 사역을 하지 않아서가 아니라 교회와 신자가 본질적으로 그와 같은 선교의 중심이자 본질적 사역의 주체라는 사실은 잊은 채 살아가는 것이 문제다.

선교적 교회론에서 교회는 모이는 교회와 흩어지는 교회로서의 두 가지 기능이 유기적으로 연결된다. 모이기도 해야 하지만 흩어지고 보내기도 해야 하는데, 현재 전통교회는 모이는 것만 강조하다 보니 흩어지는 것에 익숙지 않게 되었고, 모이는 것과 흩어지는 것의 유기적인 기능성을 잃어버리게 되었다. 교회는 성도들을 세상 속으로 보내야 하는 사명을 가진 곳이고, 이제 한국 교회는 그 점을 회복해야 한다.

재능 목회는 선교적 교회론을 실천하는 효과적인 방법이다. 개인의 재능을 발견하고 이를 교회의 사역과 사회적 활동에 적용함으로써 교회는 다양한 방식으로 복음을 전파하고 사회적 영향력을 끼칠 수 있다. 건물교회 안에서 기존 신자를 대상으로 설교와 교육만 주로 하는 목회자들은 사회와 간격이 크고 사회 변화에 민감하지 않지만, 재능 목회자들은 사회 속에서 그들과 함께 더불어 사역하며 그들을 향해 전략적으로 사역하고 친밀한 교류를 나눌 수 있다. 건물 안으로 데려와 고립시키는 목회가 아니라 사회 속으로 파송하는 목회를 지향한다.

1) 사도행전 1:8과 사명

사도행전 1:8절에서 예수님은 제자들에게 마지막 유언과도 같은 부탁을 하신다.

> **사도행전 1:8**
> 오직 성령이 너희에게 임하시면 너희가 권능을 받고
> 예루살렘과 온 유대와 사마리아와 땅 끝까지 이르러
> 내 증인이 되리라 하시니라

예수님의 이 부탁에는 특이한 부분이 있다. 점층법적으로 생각한다면, 수도 예루살렘에서 시작해 그보다 큰 범위인 유대 나라에 복음을 전하고, 그다음은 세계 열방에 복음을 전하라는 메시지가 당연한 순서일 것이다. 그런데 세계 열방으로 나가기 전에 한 가지 추가하신 것이 있다. 바로 사마리아이다. 왜일까? 우리나라 사람들은 다행히도 예수님의 이 메시지를 잘 이해할 수 있다. 우리에게도 북한이라는 아픈 손가락이 있기 때문이다. 예수님은 북한과도 같은 사마리아에도 복음을 꼭 전해달라는 유언의 메시지를 남기셨다.

 예수님의 마지막 이 메시지는 제자들을 통해서 잘 이루어졌을까? 아니다. 이 명령 뒤에 제자들은 오순절에 성령을 받는다. 그리고 성령 충만하게 변화되어 곳곳에서 복음을 전한다. 사도행전 전반부에는 베드로와 요한이 중심이 되어 복음을 전하는 모습이 나타난다. 그런데 성령 받은 그들이 예루살렘과 유대에서 복음을 전하기는 하지만 사마리아에는 가지 않는다. 그곳은 그들에게 이미 편견으로 복음에서 배제된 지역이기 때문이다. 그들은 사마리아 사람들이 불의하고 음란하고 천국에는 어울리지 않는, 죽어서 지옥의 땔감 정도로나 쓰일만한 사람들이라고 생각했다. 그래서 그들은 예수님의 간절한 부탁에도 불구하고 사마리아에 가서 복음을 전하지 않는다.

 복음이 들려져야 할 곳이 선교지이다. 사마리아는 선교지였고 선교사가 파송되어야 할 곳이었지만, 그들은 그곳으로 선교사를 파송하지 않았다. 그러는 사이 예루살렘에는 대형 교회가 들어선다. 베드로가 설교를 하면 3천 명이, 5천 명이 회개하였고, 세례를 받은 후 예루살렘 교회 교인이 되었다. 그래서 단시간에 예루살렘 교회는 문자적으로만 하면 약 1만 명 이상의 대형 교회가 되었다. 예루살렘 교회는 모이는데 왕

성한 교회가 되었다. 그러다 보니 내부 공동체를 돌보고 그들의 필요를 살피는 일이 교회의 주 사명으로 변한다.

사도행전 6장에는 예루살렘 교회 안에서 출신성분이 다른 그리스파 유대인과 히브리파 유대인들 사이에 차별의 문제로 분란이 생겼다. 다행히 이 문제로 교회는 깨지지 않았고, 사도들은 위기를 기회로 삼아 하나님의 뜻을 깨닫는다. 그들은 하나님의 말씀을 전하는 일을 제쳐놓고 음식을 베푸는 일에 힘쓰는 것이 좋지 못하다는 것을 알게 된다(행6:2).

사도들은 교회 내부의 문제에만 골몰해 교회의 사명을 내려놓는 것이 잘못되었다는 것을 깨닫게 되었고, 교회의 선교적 사명을 다시 한번 되새기는 기회를 가졌다. 그리고 다시금 기도하는 일과 말씀 사역에 힘쓸 것을 다짐했다(행6:4).

대형 교회, 건물교회가 되면 당연히 내부의 문제에 중점을 둘 수밖에 없다. 그러나 교회의 사명은 유지에만 있지 않고 선교를 향해 나아가야 한다. 세상 끝까지 복음을 전하라는 예수님의 유언과 같은 말씀이 우리의 사명이 되기 때문이다.

그러나 이런 깨달음에도 그들은 사마리아에 복음을 전하러 가지 않는다. 편견과 고정관념이 확고하게 자리를 잡고 있다 보니 예수님의 명령도 소용이 없었다. 사마리아에는 언제 복음이 전해질까? 갑자기 들이닥친 예루살렘 교회 박해 사건으로 인해 우연히 사마리아 땅에 복음이 전해진다(행8:1). 그곳에 복음을 전한 주역은 사도가 아닌, 교회 안의 봉사 업무를 위해 선발된 일곱 명의 집사 가운데 한 분이신 '빌립' 집사다.

빌립 집사가 사마리아에 내려가 그곳에서 복음을 전파했다. 그제야 사마리아 사람들도 복음을 듣고, 믿고, 세례를 받아 그리스도인이 되었다. 이 문제로 예루살렘에 있는 사도들은, 정말 사마리아 사람들도 복음을 듣고 구원을 받았는지 확인하기 위해 베드로와 요한을 파송한다. 이 사건은 예루살렘 교회에 대단히 큰 충격이었다. 예루살렘 교회의 대표 리더인 베드로와 요한 사도가 와서 그 일을 확인하려 했기 때문이다. 그들이 와서 더 놀랄만한 일이 벌어졌다. 베드로와 요한이 사마리아 사람들을 위해서 기도하고 안수했을 때 사마리아 사람들에게도 성령이 임한 것이다.

사도행전 8:17

이에 두 사도가 그들에게 안수하매 성령을 받는지라

마가의 다락방에서 경험한 성령의 임재 사건은 요엘 선지자가 예언한 종말의 징표였고, 예수님의 제자 공동체를 확인하고 확증하는 사건이었다. 그런데 자신들에게 임했던 성령의 임재가 사마리아 사람들에게도 동일하게 나타났다. 이것을 통해 사마리아 사람들도 구원받아야 할 사람이며 곧 이방인들에게도 복음이 전파되어야 한다는 사실을 깨닫게 되었다.

2) 건물 밖으로 벗어나라

사마리아 땅은 복음이 전해져야 할 선교지이고, 요즘으로 생각하면 교회 건물 밖에 있는 곳이다. 교회 건물 밖은 복음이 전해져야 할 선교지다. 그동안 우리는 교회 안으로 모으는 것, 그 안에서 사는 것이 안전하고 거룩한 삶이라고 생각했다. 교회 밖의 사람들은 나중에 종말 때에 심판받을 것이고 그곳은 속되기 때문에 그곳과는 어울리지 않는 것이 좋다는 생각을 해왔다. 그러나 이제는 선교적 사명지로써 교회 밖을 다시 바라봐야 한다. 마치 제자들이 사마리아에 오랫동안 복음을 전하지 않았던 것처럼 우리도 편견과 고정관념에 사로잡혀 건물 안에서만 신앙생활을 한 것은 아닌지 생각해 봐야 한다.

이제는 건물 밖에서 목회하는 시대가 열려야 한다.

아니, 시대는 이미 그렇게 요청하고 있다. 자신의 재능을 무기로 세상 속에서 목회할 수 있어야 한다. 건물 안에 가두어져 세상과 멀어지고, 세상을 이해하지 못하고, 세상에서 비난의 대상이 되어 버린 지금의 교회는 다시금 세상 속으로 들어가야 한다.

[필립하우스]

재능 목회 공동체의 구성원이 어떤 삶을 살아야 하는지 사도행전에 나타난 빌립 집사의 삶을 통해 알아보고자 한다. 내가 보기에 빌립 집사의 삶은 선교적 교회론의 모델이 된다. 그분의 삶 자체가 선교적이었고, 그분의 집은 선교 센터와 같았다. 그래서 나는 빌립 집사의 이런 삶을 닮기 위해 〈필립하우스〉라는 이름으로 사역하고 있다.

• 창의적이고 도전적인 삶

빌립 집사는 사마리아에 최초로 복음을 전한 분이다. 예수님의 간절한 부탁에도 누구 하나 사마리아에 복음을 전하지 않았을 때 빌립 집사는 사마리아로 들어가 복음을 전했다. 대부분 가지 않는 곳, 위험한 곳, 그곳은 아니라는 생각에 갇혀 있을 때 빌립 집사는 담대히 사마리아로 내려갔다. 건물교회 안에 갇힌 삶을 살고 있는 우리들의 삶에 이런 빌립 집사의 창의적이고 도전적인 선교적 삶이 필요하다.

관습과 고정관념을 깨고 용기 있게 도전해야만 새로운 영역에서도 복음이 전해질 수 있다. 다수가 가는 길이 아니어서 불안하고 위험할 수 있지만, 본질을 붙들고 도전할 때 성령께서 인도해 주시고 이끄시는 새로운 곳에 도착할 수 있다. 빌립 집사의 사마리아 전도는 그와 같은 모습을 보여준다.

- **하나님과 사람들에게 인정받는 사람**

빌립 집사는 예루살렘 교회에 일어난 분란의 문제를 해결할 목적으로 봉사의 직무를 위해 뽑힌 일곱 집사들 중의 한 사람이었다. 그런데 그때 집사의 선발 기준을 알고 있는가?

사도행전 6:3

형제들아 너희 가운데서 성령과 지혜가 충만하여 칭찬 받는 사람 일곱을 택하라 우리가 이 일을 그들에게 맡기고

사도행전 6:5

온 무리가 이 말을 기뻐하여 믿음과 성령이 충만한 사람 스데반과 또 빌립과 브로고로와 니가노르와 디몬과 바메나와

유대교에 입교했던 안디옥 사람 니골라를 택하여

성령 충만하다는 것은 믿음의 영역이다. 이는 하나님께 인정받은 사람일 수 있다. 그런데 일곱 집사들은 하나님께만 충실한 사람들이 아니고 사람들에게도 칭찬받는 사람들이었다. 우리 주변에는 하나님께 인정받지만 사회 속에서는 상식적이지 않은 사람들도 많이 있다. 그런데 빌립 집사는 하나님과 세상 가운데 동시에 인정받는 사람이었다.

- **선교 센터**

그런데 빌립 집사는 사라졌다가 이후 사도 바울의 선교 여정 가운데 다시 등장한다. 바울이 제3차 전도여행을 마치고 예루살렘으로 들어가는 길에 빌립 집사의 집을 방문했다고 성경에 기록되어 있다.

사도행전 21:8-10

이튿날 떠나 가이사랴에 이르러 일곱 집사 중 하나인 전도자 빌립의 집에 들어가서 머무르니라 그에게 딸 넷이 있으니 처녀로 예언하는 자라 여러 날 머물러 있더니 아가보 하는 한 선지자가 유대로부터 내려와 사도 바울은 왜 이곳에 들렀을까? 그리고 사도행전 11장에서 예루살렘에 흉년이 들 것이라고 예언했던 유명한 선지자 아가보는 왜 이곳에 들렀을까? 바울 입장에서 보면 마지막 여정, 예루살렘에 들어가면 어떻게 될지 모르는 그 여정 가운데서 마지막으로 들르는 곳이 아무 의미 없는 곳은 아닐 것이다. 이전의 일정에도 제자들을 만나고, 교회 장로들을 만나는 일정이었기 때문이다. 이제부터는 상상력을 발휘하는 수밖에 없지만, 바울이 마지막에 방문한 이곳 빌립 집사의 집은 선교 센터와 같은 역할을 하는 곳이었다고 생각한다.

사도 요한은 요한삼서에서 가이오 장로에 대해 굉장한 칭찬과 축복의 말을 하는데, 그 이유는 가이오 장로가 나그네를 잘 대접했기 때문이라 했다. 당시 나그네는 복음을 전하는 전도자들이다. 그들은 예수님의 말씀에 순종해 아무것도 가지지 않고 오직 복음을 위해 헌신한 사람들이었다. 그래서 이곳저곳으로 옮겨 다니며 복음을 전하고 다녔는데, 이들의 삶은 나그네와 같았기 때문에 공동체가 챙겨주지 않으면 안 되었다. 가이오 장로는 이렇게 복음을 전하는 분들을 잘 대접하고, 공급하고, 파송하는 일을 했던 것으로 보이는데 그런 모습을 요한 사도가 칭찬하고 있다.

요한삼서 1:2

사랑하는 자여 네 영혼이 잘됨 같이 네가 범사에 잘되고 강건하기를 내가 간구하노라

요한삼서 1:5-8

사랑하는 자여 네가 무엇이든지 형제 곧 나그네 된 자들에게 행하는 것은 신실한 일이니 그들이 교회 앞에서 너의 사랑을 증언하였느니라 네가 하나님께 합당하게 그들을 전송하면 좋으리로다 이는 그들이 주의 이름을 위하여 나가서 이방인에게 아무것도 받지 아니함이라 그러므로 우리가 이같은 자들을 영접하는 것이 마땅하니 이는 우리로 진리를 위하여 함께 일하는 자가 되게 하려 함이라

빌립 집사의 집은 아가보 선지자와 선교사 바울이 들르는 선교 센터와도 같은 곳이었다. 선교의 여정 가운데 들를 수 있는 집사의 집. 나그네 된 선교사들을 잘 대접하고 파송했던 가이오 장로와 같은 분이 바로 빌립 집사였을 것이다.

세상 속으로 들어가 선교적 목표를 가지고 살았던 빌립 집사의 삶은 이 시대 선교적 교회를 꿈꾸는 우리에게 모델이 되어준다. 건물교회를 일주일에 한 번 나가는 것만으로 신앙의 정체성을 삼아서는 안 된다. 신

앙의 정체성은 우리가 무엇을 하느냐로 드러나야 한다. 즉, 우리가 일상에서 선교적 삶을 살고 있는지에 달려 있다. 우리가 하는 일은 돈을 벌기 위해서 마지못해 하는 일이 되어서는 안 된다. 우리에게 맡겨진 모든 일이 선교적 삶을 위한 밑바탕이 되고, 밑거름이 되고, 수단이 되어야 한다.

3) 달란트 비유

선교적 삶이 그리스도인의 본분이라는 사실을 분명히 이해한다면, 우리는 재능으로 사역하는 삶에 대한 성경의 가르침에도 귀기울여야 한다.

마태복음 25장은 우리에게 익숙한 달란트 비유가 나온다. 주인은 타국으로 멀리 떠나고, 종들에게 자기 재산을 맡긴다. 이것은 예수님이 이 세상을 떠나 다시 오실 그때까지 제자들에게 사명을 부탁한 말씀과 같다. 그런데 주인이 자기의 소유를 맡길 때 그는 종들에게 '각각 그 재능대로' 맡기신다.

마태복음 25:15

각각 그 재능대로 한 사람에게는 금 다섯 달란트를, 한 사람에게는 두 달란트를, 한 사람에게는 한 달란트를 주고 떠났더니 재능은 헬라어로 뒤나미스($\delta\acute{v}\nu\alpha\mu\iota\varsigma$)로, '능력'이란 뜻이다. 주님은 우리에게 주님이 다시 오실 때까지 사명을 감당할 수 있도록 기본적으로 '각 사람의 능력에 맞게', '재능에 맞게' 사역할 것을 말씀하셨다.

만약 분배의 관점에서 이 문제를 바라본다면, 왜 사람마다 차별하여 재산의 차등을 두었냐며 불평할 수밖에 없다. 아마도 한 달란트 받은 종은 소유의 차원으로 이해했던 것 같다. 그러나 주님은 지금 우리가 이 세상에서 얼마나 배부르게 부자로 살아갈 수 있을지에 대한 관심이 아닌, 이 세상에서 제자로 어떻게 살아갈지에 대해서 말씀하시기 위해서 이 비유를 들어 설명하셨다.

모든 목회자가 한결같이 건물교회를 시작하고 그 건물에 사람을 가득 채워서 대형 교회가 되는 것을 목표로 삼는 것은 잘못된 것이다. 만약 그렇게 생각한다면 개척교회 목회자는 왜 나에게는 한 달란트만 주었냐고 원망하며 목회할 수밖에 없다.

그러나 주님은 각 사람에게 선교적 사명을 감당할 수 있는 적합한 재능을 저마다 다르게 주셨다. '성령께서 당신의 뜻에 따라' 각자에게 다른 은사와 재능을 부여하셨기 때문이다. 자신의 재능을 활용해서 하나님 나라의 사역을 감당하는 게 중요한 것이지, 누가 많이 가졌는지에 초점을 옮겨서는 안 된다. 이 비유의 마무리는 주인이 다시 와서 종들을 칭찬하실 때 더 많이 남긴 종에게 특별한 대우를 하지 않았다고 말한다. 다만 모든 종에게 동일하게 '주인의 즐거움에 참여하는' 상을 주셨다고 성경은 말하고 있다.

마태복음 25:21

그 주인이 이르되 잘하였도다 착하고 충성된 종아 네가 적은 일에 충성하였으매 내가 많은 것을 네게 맡기리니 네 주인의 즐거움에 참여할지어다 하고

4) 바울의 은사 사역

에베소서는 교회에 대한 중요한 원리를 다루고 있다. 바울은 이 서신서를 통해 교회가 어떤 곳인지, 교회의 직분은 어떠한지에 대해 설명한다.

에베소서 4:11-13

그가 어떤 사람은 사도로, 어떤 사람은 선지자로, 어떤 사람은 복음 전하는 자로, 어떤 사람은 목사와 교사로 삼으셨으니 이는 성도를 온전하게 하여 봉사의 일을 하게 하며 그리스도의 몸을 세우려 하심이라 우리가 다 하나님의 아들을

믿는 것과 아는 일에 하나가 되어 온전한 사람을 이루어 그리스도의 장성한 분량이 충만한 데까지 이르리니

특정인을 지칭하지 않고 '어떤 사람'이라고 말하는 이유는 사람마다 다르게 사역의 직분을 주셨다는 동일성을 강조하기 위함이다. 사도, 선지자, 복음 전도자, 목사, 교사 등으로 각기 다르게 직분이 주어졌지만, 이는 차별과 구별이 아닌, 하나님 나라의 일을 효과적으로 하기 위한 구분이다.

로마서 12:6
우리에게 주신 은혜대로 받은 은사가 각각 다르니 ...

고린도전서 12:11
이 모든 일은 같은 한 성령이 행하사 그의 뜻대로 각 사람에게 나누어 주시는 것이니라

재능은 성령께서 각 사람에게 은혜로 주신 은사로, 성령께서 그분의 뜻대로 정하여 나누어 주신 것이다. 그러므로 우리는 이 말씀처럼 각자가 받은 재능을 따라 봉사할 수 있어야 한다. 우리의 재능이 각기 다른데 모두가 한 역할만 하겠다고 한다면 그것은 자칫 낭

비가 될 수 있고, 교회 공동체를 무능력하게 만들 수 있다.

> **고린도전서 12:29-30**
>
> 다 사도이겠느냐 다 선지자이겠느냐 다 교사이겠느냐 다 능력을 행하는 자이겠느냐 다 병 고치는 은사를 가진 자이겠느냐 다 방언을 말하는 자이겠느냐 다 통역하는 자이겠느냐

> **고린도전서 12:17-20**
>
> 만일 온 몸이 눈이면 듣는 곳은 어디며 온 몸이 듣는 곳이면 냄새 맡는 곳은 어디냐 그러나 이제 하나님이 그 원하시는 대로 지체를 각각 몸에 두셨으니 만일 다 한 지체뿐이면 몸은 어디냐 이제 지체는 많으나 몸은 하나라

선교지에 나간 선교팀이 전략회의를 한다고 생각해보자. 오늘 하루 선교를 하기 위해서 필요한 역할은 무엇일까? 운전할 사람, 교재를 만들 사람, 부엌에서 요리할 사람, 설교할 사람, 사진을 찍어줄 사람, 짐을 정리할 사람 등의 다양한 역할이 필요할 것이다. 그리고 이 모든 일이 더해져 선교를 제대로 감당할 수 있다. 그런데 선교단체 구성원들이 모두 사람들 앞에 드러나는 '설교'만 하겠다고 나선다면, 그 선교는 실패하

고 말 것이다. 모두가 각자 재능에 따라 다른 일을 맡아 한 팀으로 일하게 된다면, 그 공동체는 하는 일은 다르지만, 동일한 사역의 열매를 거두게 될 것이다. 자신의 재능에 맞게 사역을 감당하여 더 전문적으로 사역을 해나갈 수 있다면, 그것만큼 주님의 즐거움에 참여하는 길은 없을 것이다.

이처럼 성경에서는 재능에 맞게, 다양하게 은사대로 사역하는 것이 교회를 교회답게 하는 것으로 말하고 있는데, 왜 우리는 그렇게 사역하지 않고 있을까? 신학교를 졸업하면 왜 대부분 건물교회 안으로 들어가 담임목사가 되는 길만 생각하고 있을까? 만약 신학교를 졸업했을 때 건물교회가 하나도 없다면 어떨까? 그때는 신학교를 졸업한 분들이 어떤 사역을 하려고 할까? 지금이야 졸업과 함께 건물교회로 들어가 사역하는 것이 당연하다고 생각하지만, 만약 건물교회가 없다면 그때에는 어떤 사역을 하는 것이 목회의 본질이라고 생각할까? 그때에는 좀 더 본질적으로 어떻게 사역하며 선교적 사명을 감당하기 위해 어떻게 해야할지 고민하지 않을 수 없을 것이다.

3. 재능과 목회가 연결되어야 한다

　10년 전쯤 재능 목회를 구상하며 여러 목회자를 인터뷰한 적이 있다. 인터뷰한 목회자 중에 몇몇 분이 기억에 남는다. 그중의 한 분은 유명한 CCM 찬양 사역자였다가 목사가 된 분이었는데, 그는 찬양의 은사로 사역을 더 활발하게 할 것으로 기대했으나 교회에 부임한 이후로는 오히려 찬양 사역의 틀을 더 넓힐 수 없었다. 교회 성도들은 담임 목회자가 자신들을 위한 사역을 더 해주기를 바랄 뿐 외부 사역을 반기지 않았기 때문이다. 설교 목사로서의 사역이 더 커졌고 자신에게 주어진 재능을 활용한 사역은 줄어들었다.

　베이직교회의 조정민 목사는 목사가 되기 전에 기자였고 앵커였다. 조정민 목사를 만나 이전에 했던 앵커로서의 일과 지금 목사로서의 일을 비교하는 질문을 했었다. 그러자 조정민 목사는 자신이 이전에 앵커로 했던 일의 재능과 지금의 목회 사역이 너무 잘 맞는다고 대답했다. 과거에는 앵커로서 Bad News도 전했는데, 이제는 Good News만 전할 수 있어서 오히려 더 좋다고 했다.

조정민 목사

 이처럼 자신이 가지고 있는 재능이 전통교회 안에서 수용되고 그것이 더 효과적으로 사용될 수 있다면 그 일을 하는 것이 공동체를 위해서 더 낫다. 그러나 그렇지 않은 경우, 전통 목회에서 자신의 재능을 사용하지 못하고 나에게 맞지 않은 일만 주어지고 있다면 과감하게 건물교회를 벗어나 자신에게 맞는 재능 목회를 시작해야 하지 않을까 도전한다. 나에게 맞지 않는 옷을 입고 모두 다 동일한 자리에서 동일한 모습으로 사역하는 것은 보내신 분의 입장에서 안타까운 일일 것이다.

4. 이중직 목회와 재능 목회는 다르다

1) 이중직 목회와 재능 목회의 차이

[이중직 목회]

　최근 대형 교회 담임을 했던 모 목사가 한 목회자 세미나에서 "목회자는 경제적 자립이 되어야 한다. 성경에서 말하는 경제적 자립이란, 내게 얼마가 주어지든 그것에 나를 맞춰 사는 것"이라며 이중직에 대한 부정적인 견해를 드러내어 이중직 목회에 대한 논란이 있었다. 그는 "평생 먹고사는 것이 제일의 삶의 목적인 목회자들은 세속직을 갖는 것이 낫다"라는 말까지 해서 이중직 목회자들의 본심을 왜곡하고 말았다.

　일반적으로 이중직 목회는 목회 사역을 하면서 생계를 위해 다른 직업을 갖는 형태의 목회를 지칭한다. 교회 건물의 월세 비용이 올라서 그 비용을 감당하는 것이 어렵고, 교인 수가 급감하고 전도가 어려워지는 문제 등으로 인해서 목회자의 생존이 불가능해졌다. 이와 같은 상황에서 목사가 소명으로 받은 목회를 지속하기 위해 다른 일을 겸하는 것이 이중직 목회다.

2021년 목회데이터연구소가 발표한 자료에 따르면, 이중직 목회는 대략 2000년경부터 부각되기 시작해 2010년부터 두드러지게 많아졌다고 한다. 그리고 2011년부터 2021년까지 최근 10년 사이에는 이중직 목회를 시작한 비율이 83%나 될 정도로 증가 속도가 가장 컸다. 일반적으로 이중직 목회는 경제적 상황과 밀접한 관련이 있다. 2011년부터 한국 사회는 가계부채 증가가 사회적 문제로 대두되었고, 2012년에는 한미FTA, 2014년에는 세월호 문제로, 2020년에는 코로나로 경제가 좋지 않은 상황이 지속되었는데 이때 목회자들이 일터로 가장 많이 나왔다.

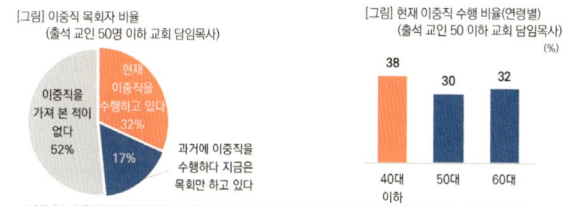

2021년 목회데이터연구소 설문 결과[17]

---

17 목회데이터연구소 Numbers 111호 2021.9.10
http://mhdata.or.kr/mailing/Numbers111_210910_Full_Report.pdf

설문 결과에도 이중직 목회자들의 61%가 경제적인 문제로 이중직을 시작하게 되었다고 했다. 그리고 경제적인 문제로 이중직 목회를 하고 있는 50명 이하 소형교회 목회자들의 숫자는 놀랍게도 27%나 되었다. 즉, 3명 중 1명꼴로 이중직 목회를 한다는 것이다.

이런 상황에서 이중직 목회자들을 바라보는 시각은 어떨까? 2015년 합동 교단의 교단지인 기독신문에서 이중직 관련 설문조사를 실시한 바 있다. 이중직에 대한 찬반 여부를 물었는데, 보수적인 합동 교단 목회자들조차도 생존을 위해 어쩔 수 없는 선택으로 이중직을 찬성한다고 절반 이상이 응답했다.

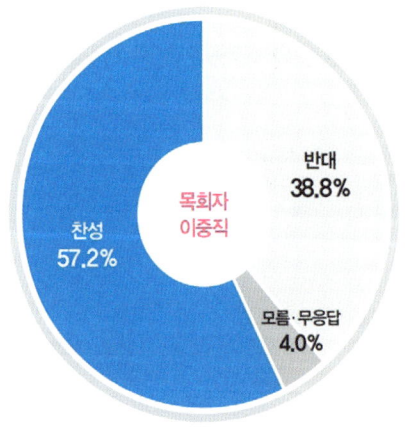

2015.02.26 기독신문 설문조사 결과[18]

---
18   기독신문 목회자이중직 관련 기사
https://www.kidok.com/news/articleView.html?idxno=90509

최근 목회데이터연구소는 '2024년 한국 교회트렌드조사'에서 전도사들에게 이중직 문제에 대해 설문했다. 앞으로 경제적으로 어렵게 되면 이중직 목회를 할 의향이 있냐는 질문에 그들은 78%가 의향이 있다고 답했다. 과거 이중직 목회에 대한 부정적 이미지 때문에 꺼리는 것과 달리, 현실적인 문제로 인정하고 자신도 이중직 목회를 할 의향이 있다고 답한 것이다.

◎ **목사 안수 후, 경제적으로 어려우면 이중직 할 수 있다, 78%!**

- 목사 안수 의향자에게 목사 안수 이후 경제적으로 어렵다면 이중직을 할 의향이 있는지를 물었다. 그 결과, '있다' 78%, '없다' 18%로 나타나, 목사 안수를 희망하고 있는 전도사 10명 중 8명은 '이중직 가능성'에 대해 열어두고 있었다.

[그림] 목사 안수 이후 경제적으로 어려울 시 이중직 의향 (목사 안수 의향 전도사, %)

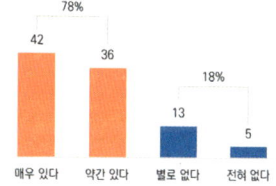

목회데이터연구소 2024년 한국 교회트렌드조사결과[19]

이중직 목회는 한국 교회 안에서 이미 현실적인 문제가 되었고, 설문 결과에 의하면 앞으로 개척교회를 시작하면 세 명 중 한 명은 이중직 목회로 시작해야 한다고 밝혔다. 그러나 이런 결과와 다르게 각 교단에서는 이중직 목회를 원칙적으로는 찬성하지 않고 있

---

19 목회데이터연구소 Numbers 216호 2023.11.21
http://mhdata.or.kr/mailing/Numbers216_231121_Full_Report.pdf

다. 각 교단에서 이중직 목회가 논란이 되었을 때 그들이 허용 결정을 하기는 했지만 미자립교회, 생계형에 한해서만 허용 조치를 내렸기 때문이다. 그리고 한 교단에서는 이중직 목회를 허용하는 결정을 하면서 '이중직 목회가 바람직하지는 않지만…'이라는 평가를 덧붙였다.

그런데 이중직 목회자들도 실상은 이중직 목회에 대해서 교단과 비슷한 생각을 하고 있다. 2021년 설문에서 목회자가 이중직을 갖는 것에 대해 바람직하지는 않지만 현실적으로 어쩔 수 없다는 응답을 가장 많이 했기 때문이다.

[그림] 목회자가 이중직 갖는 것에 대한 찬반 의견(출석 교인 50명 이하 교회 담임 목사)

* 자료 출처 : 이중직 목회자에 대한 인식과 실태 조사, 2021.08.25. (출석 교인 50명 이하 교회 담임목사, 400명, 모바일조사, 2021. 6.10-6.17)

2021년 목회데이터연구소 설문 결과[20]

---

20 목회데이터연구소 Numbers 111호 2021.9.10
http://mhdata.or.kr/mailing/Numbers111_210910_Full_Report.pdf

이중직 목회를 하는 목회자도 목회와 생계 문제 둘 다를 균형 있게 끌고 가는 게 현실적으로 어렵다고 답했다. 목회에 지장을 주지 않는 이중직을 찾기 어렵다는 응답이 55%로 절반 이상이나 된다. 또한 이중직 목회자들의 일 선택에 있어서 보수가 적은 일이라도 목회에 조금이라도 덜 영향을 주는 직종을 선택하는 경향을 보였다. 현실이 이러다 보니 이중직 목회자들이 선택한 일 중에 가장 높은 비율을 차지한 것이 13%로 단순노무직이었다. 이는 시간에 크게 구애받지 않는 직종이기 때문이다.

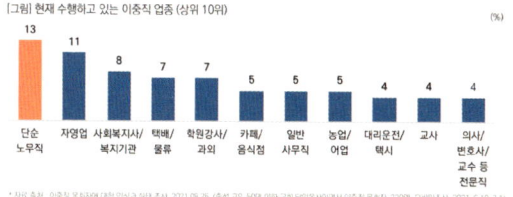

2021년 이중직 목회자에 대한 인식과 실태조사 결과[21]

목회자들이 이중직 목회를 시작하게 된 이유를 살펴보면 세 가지로 나눌 수 있다. 첫째는 한국 교회의

---

21 목회데이터연구소 Numbers 111호 2021.9.10
http://mhdata.or.kr/mailing/Numbers111_210910_Full_Report.pdf

교회론에 대한 대안적 성격에서 시작되었다. 둘째는 기존의 전통교회 목회 사역에 지친 사람들이 탈출구로 삼은 경우이다. 셋째는 생존을 위해 목회자가 교회 사역 외에 생업을 위한 일자리를 갖게 된 경우이다. 아마도 대부분 교단에서 논해지고 있는 이중직의 문제는 이 마지막에 해당할 것이다. 여러 설문 결과에서도 대부분 경제적 문제 때문에 이중직을 시작했음을 알 수 있기 때문이다.

그런데 이중직 목회의 딜레마는 목회와 생존, 둘 다 만족시킬 수 없다는 데 있다. 생존을 위해 힘쓰다 보면 목회에 투자할 시간과 여건을 갖기 어렵다. 목회에 좀 더 관심을 기울이면 생존이 어려워진다. 그 균형점을 찾아도 둘 다 제대로 하지 못하는 결과가 발생한다. 동일하게 주어진 시간을 절반으로 나누어 사용하니 어찌 보면 당연한 결과다. 어느 한쪽으로 올인하지 않는 이상 그 결과는 절반으로 나타날 수밖에 없다(그러나 이런 평가는 전통목회를 기준으로 했을 때다.).

그렇다면 어떻게 해야 할까? 목회자의 현실은 이중직이 선택이 아닌 필수가 되어가고 있고, 미래의 담임 목회자가 될 전도사들도 거의 80% 가까이 이중직 목회를 준비하고 있는 상황에서 이 문제를 어떻게 해결할 수 있을까?

[재능 목회]

그래서 이중직 목회와 비슷해 보이지만 이중직 목회가 아닌 재능 목회를 시작해야 한다. 형태가 비슷해 말장난이 아닌가 싶겠지만 양상만 비슷할 뿐 교회론이 다르고 본질적인 접근 방법이 다르다. 재능 목회는 이중직 목회를 시작한 분들 중 '대안목회'의 방향성으로 시작하게 되었다는 분들의 생각과 맞닿아 있다. 전통교회가 가진 부족함을 극복하기 위해 주님이 우리에게 명령하신 선교적 목표를 이루기 위해서 시작한 것이 재능 목회다.

재능 목회의 가능성을 보여줄 수 있는 한 가지 예를 소개하고자 한다. 달라스 침례대학교 김종환 교수가 만난 어느 목사의 이야기다. 2000년대 초반에 미국 남침례교단에서 만났던 목사는 300여 명 되는 교회의 담임목사로, 구조차(견인차) 운전을 하는 사람이었다. 교인들은 그에게 사례비를 올려주겠으니 그 일을 그만두고 목회에 전념하라고 요청했다. 그러나 그는 매주 수십 명의 사람들에게 복음을 전할 기회를 포기할 수 없다며 이 제안을 거절했다. 목사는 자신이 잘할 수 있는 일을 통해서, 그리고 복음이 필요한 사람들을 더 많이 만날 수 있는 현장에서 사역하고 싶어 했다.

지금의 건물교회 구조안에서는 불신자를 만나는 일이 쉽지 않다. 길거리에 전도하러 나가야 겨우 만나게 되는 사람도 말 한마디 제대로 나눌 시간조차 주지 않는다. 그러나 앞서 소개한 이 목회자는 도움이 간절하게 필요한 사람들을 매주 수십 명 만나고 있다. 그들에게 도움을 주고 자신이 가진 복음을 전한다. 그의 교회 공동체는 전통적 교회의 형태이지만, 이 목회자는 재능 목회를 통해 자기 일과 목회를 연합해 사역하고 있다. 목회에만 치중했던 전통교회라고 할지라도 이러한 사례를 통해 재능 목회로 전환할 수 있다는 도전을 준다.

　또한 재능 목회는 선교적 교회론에 입각한 목회론이다. 교회의 본질적 소명과 가치가 선교로, 교회는 세상 속으로 들어가 복음을 전해야 한다고 강조하는 교회론을 추구한다. 그래서 재능 목회는 단순히 전통적 교회의 사역을 이어가기 위해 경제적으로 부족한 부분을 일을 통해 보충하는 방식이 아니라, 일을 통해 선교하고 일 자체가 생존과 선교가 되는 목회라 할 수 있다. 목회자가 교회 안에서만 목양하는 사람이 아니라 세상이라는 선교지에 나가 앞장서서 선교하는 사람이기도 하다. 성도들도 세상 속에서 제자와 선교사로 일주일을 살아가는 공동체의 구성원이다.

재능 목회는 한국 교회의 새로운 대안이 된다. 전통적인 교회의 형태에서 이것이 목회가 될 수는 없다고 생각할 수 있지만 가보지 않은 길이라 위험하다고 여겨져서 그럴 수 있을 뿐, 재능 목회는 새로운 형태의 목회 패러다임이 될 수 있다. 나는 재능 목회가 교회의 본질을 회복하고 한국 교회를 새롭게 할 수 있다고 믿는다.

[재능 목회의 정의]

자신의 은사와 재능에 맞는 일을 통해 세상 속으로 들어가 전문적으로 하나님 나라를 세워가는 목회

[재능 목회의 운영과 특징]

(1) 선교를 위해 일을 선택한다

재능 목회는 일과 목회의 순서를 정하는 게 중요하다. 목회를 위해 일을 하는 것인지, 아니면 일을 하다 보니 목회가 되는 건지 이 둘의 차이를 구분한다. 그냥 일을 하면서 목적과 의미를 찾아 끼우는 게 아니다. 선교적 사명을 감당하기 위해 교회가 무엇을 해야 할지, 목회자가 무엇을 해야 할지를 고민하고 일을 선택한다. 그리고 그 일은 선교적 목적을 이루기 위한 수단이 된다. 선교팀이 한 지역에 복음을 전하기 위해

계획을 짜는 것과 같다.

영화 〈극한직업〉을 보면 마약반 형사들이 범인을 검거하기 위해 범죄조직의 아지트 옆에 치킨집을 연다. 그런데 치킨집이 대박이 터진다. 치킨집이 유명해지고 돈도 많이 벌게 되지만, 그들은 형사로서 범죄자를 잡기 위해 그 일을 할 뿐이다. 재능 목회는 마치 이와 같다. 형사들이 자신의 목표를 이루기 위해 치킨집을 여는 것과 같다. 치킨집이 대박을 내지만, 그것은 목표를 이루기 위한 도구와 수단으로서 존재할 뿐이다. 치킨집을 통해 목표에 더 가까이 다가가 전략적으로 일할 수 있다.

영화 '극한 직업' 포스터[22]

---

22 https://namu.wiki/w/극한직업(영화)

신학교를 졸업하고 하나님 나라를 위해 사역하려면 어떻게 해야 할까? 그 고민의 결과가 온통 믿는 사람들로만 가득 찬 건물교회 안으로 가지 않고, 세상 속에서 더 효과적으로 사역하기 위해 나에게 주신 은사와 재능에 따라 세상 속 일자리로 들어가는 것으로 나타나야 한다.

(2) 재능을 가지고 일한다

내가 하는 일이 선교가 되기도 하고 그렇지 않기도 하다. 우리가 시골에 가서 어르신들에게 복음을 전하기 위해 농사일을 거들며 그분들에게 다가간다고 생각해 보자. 농사일을 거드는 것이 그 자체로 선교적이지는 않다. 그러나 왜 그 일을 하는가? 복음을 전하기 위해 마음을 여는 수단으로 하는 것이다. 재능 목회로서 일을 하는 것도 동일하다. 일 자체가 복음과 선교로 연결되는 일도 있지만, 보통의 일들은 도구와 수단이 되는 역할을 한다. 일은 교제와 관계의 연결점이 된다. 그리고 이것을 통해서 선교적 사역이 이루어진다.

이를 위해 사역 콘텐츠를 구상해야 한다. 내가 하는 이 일을 통해서 어떤 식으로 복음이 전해지게 할 것인지 기획하고 실행하는 단계가 필요하다. 이는 마치 목회자가 교회를 담임하여 어떻게 성도들을 이끌지를 기획하는 목회 계획서를 짜는 일과 비슷하다. 다만 이것이 믿는 성도들이 아니라 세상 속의 믿지 않는 사람들이라는 사실이 다를 뿐이다. 그런 면에서 좀 더 장기적인 계획이 필요하다. 나와 관계가 없는 사람들에게 일회성으로 복음을 전하는 길거리 복음 전도와 다른 방식이다.

예컨대, 헬스를 통해서 복음 전하는 경우를 생각해 보자. 헬스장에 온 사람들의 건강 향상을 위해 운동 코스를 효과적으로 구상하는 기본적인 것을 넘어서 다른 부분들까지도 그들을 위해 고려할 수 있다. 효과적인 운동을 위해서는 식단도 병행되어야 하는데, 이 부분에 비용이 많이 들어간다. 이때 교회와 연결해 무료 식단을 제공받도록 기획하거나 육체적 건강과 연결점이 있는 정신건강을 위한 무료 강의를 기독교적으로 구성할 수도 있다. 체계적으로 관리하는 것만으로도 관계성을 토대로 복음의 접근성을 위한 기반을 만들 수 있다.

현대 사회에서는 사람들을 만나고 접촉점을 만드는 게 쉽지 않다. 그런데 재능 목회는 사람들과의 접촉점을 만들 수 있다. 그리고 더 직접적이고 효율적으로, 전문적인 식견으로 그들을 도와줌으로써 연결될 가능성이 크다.

(3) 재능 목회 공동체를 구성한다

재능 목회 교회 성도들은 이런 선교적 교회론에 동의하고 참여하는 성도들이어야 한다. 제자로서, 선교사로서의 사명감이 있는 사람들이어야 한다. 종교서비스를 원하고 바라는 성도들은 재능 목회의 스타일에 어려울 수 있다. 그렇다고 일반 성도들에게 접근이 제한되는 교회 공동체를 표방하지는 않는다.

재능 목회 교회도 동일하게 주일 예배가 있고 성경 공부 모임이 있고 교제할 수 있다. 다만 재능 목회의 정체성이 분명하므로 교회에 오는 성도들을 교육하는 단계에서 이런 정체성 교육이 분명하게 이루어져야 한다. 그래야만 교회 공동체가 한 곳을 바라보고 나아갈 수 있다.

또한 성도들도 자기 일을 통해 선교적 삶을 살아가도록 훈련해야 한다. 선교사가 선교지에서 불신자들을 전도하기 위해 책을 만드는 일과 일반 인쇄업자가 책을 만드는 일에는 분명한 차이가 있듯이, 어떤 마인드로 살아갈지에 대한 교육이 필요하다.

그렇게 될 때 성도들의 삶도 평일에 자기가 하는 일이 예수 그리스도의 제자로서의 삶과 밀접한 연관성을 가지고 있기 때문에 주일예배 1시간으로 만족하는 사람들과는 다를 수밖에 없다. 성도들을 훈련하여 제자의 사명을 발견하고, 현재 자신이 하고 있는 일이 제자의 사명을 이루는 도구가 되게 한다면 재능 목회는 얼마든지 가능하다.

(4) 제자와 선교사라는 정체성

재능 목회 교회에서도 전통교회와 같은 주일 예배를 드린다고 했다. 그러나 예배가 진행되는 방식과 강조점이 전통적인 교회와 다르다. 전통교회는 설교가 중심이다. 그래서 목회자가 중심이 되고 해야 하는 일이 많다. 이때 성도들은 예배에 참여해서 보고 듣는 것이 중심이 되고 설교를 듣는 것이 예배의 핵심 역할로 여겨진다. 그러나 재능 목회 공동체의 예배는 설교가 중심이 아니다. 모든 성도가 다 같이 하나님의 음성을 듣고, 말씀을 읽고, 예배하는 일을 중심으로 삼는다.

설명을 돕기 위해 선교사들이 모여서 함께 예배한다고 생각해 보자. 설교가 중심이 되겠는가? 뛰어난 언변과 기교가 중요하겠는가? 선교사들의 모임은 선교지에서 역사하신 하나님을 찬양하는 자리가 되고, 서로를 위로하는 시간이 될 것이며, 하나님의 음성을 다시 듣고 초점을 맞추는 시간으로 삼을 것이다.

그래서 재능 목회 공동체는 주일에 드리는 1시간으로 제한하는 예배 형식과 예전에 초점을 맞추지 않는다. 만약 일주일에 1시간만 그리스도인의 정체성을 확인하고 드러낼 수 있는 시간이라면 이 시간에 올인하고 한 치의 실수도 없이 예배를 드리는 것이 맞겠지만, 일주일을 선교사로 살고 있는 성도들이라고 한다면, 주일 예배는 모여서 주님 안에서 참된 쉼을 누리는 예배가 될 것이다. 조금의 실수가 있어도 허용되고, 같은 하나님 안에서 기도하고 찬양하고 예배하는 시간으로 삼을 뿐이다.

이처럼 재능 목회 성도들의 정체성은 제자와 선교사이다. 그것을 목적으로 일주일을 살아간다. 자신이 하는 일을 통해서 이 목적을 이루어간다. 그러므로 교회에 등록하는 성도들이 제자와 선교사로 살 수 있도록 성경에서 말하는 교회의 본질을 교육하는 일은 매우 중요하다. 이를 위해 주기적으로 성경을 교육하고 나눈다.

(5) 선교적 삶을 나누는 공동체

공동체가 모일 때에는 일주일 동안 제자와 선교사로 살았던 일을 함께 나눈다. 삶 속에서 선교했던 사역을 보고하는 시간이 될 수도 있고, 삶의 어려움을 나누는 시간이 되기도 한다. 일주일을 그리스도인으로서 충실히 살아온 사람은 다른 사람에게 도전과 위로를 주며, 말하는 사람이나 듣는 사람에게 유익을 준다.

2) 재능 목회의 형태

재능 목회는 다양한 형태로 나타난다. 선교적 교회가 바탕이 된 재능 목회 교회의 특징은 필요가 있는 곳, 도움이 필요한 곳, 주님이 가라고 하시는 곳 어디든 가서 교회가 될 수 있으므로 사역의 현장과 대상에 따라 다채로운 사역을 할 수 있다.

(1) 지역교회를 섬기는 재능 목회

전통교회 형태와 동일한 모습이지만, 교회가 본질적으로 추구하는 가치를 선교적 교회에 맞추기 때문에 보다 더 사회 친화적이고, 동시에 복음 전파에 있어서는 전투적이다. 내부 공동체의 유지보다 선교적 목표를 우선에 두기 때문에 교회 공동체가 진행하는 사역들은 선교적 가치를 띤다.

지역교회를 섬기는 재능 목회 교회는 교회가 잘할 수 있는 일을 찾아 지역에서 봉사하고 그들에게 복음을 전한다. 목회자의 재능이 우선이 될 수 있고, 성도 다수가 관심이 있는 분야가 교회의 강점이 될 수 있다. 음악을 잘하는 성도들이 많다면 지역 사회를 위한 음악회, 어려운 학생들을 위한 음악 교육 등을 전문적으로 기획해 진행할 수 있고, 교육에 재능 있는 성도들이 많다면 지역의 소외된 아이들을 대상으로 교육의 기회를 제공하고 인성교육을 실시하는 등의 일들을 기획해 지역교회를 섬길 수 있다.

이 밖에도 지역에 뿌리를 내리고 대안학교를 운영하는 교회, 지역 사회를 위한 전문도서관을 운영하는 교회, 외국인 노동자들을 위한 교육과 커뮤니티를 운영하는 교회 등이 재능 목회의 한 형태가 될 수 있다. 지역 사회에 필요한 일이 무엇인지를 발견하고 그 일을 전문적으로 감당하기 위해 필요한 기술과 환경적 요소를 준비하여 교회가 그 일을 해나가는 것이 이와 같은 재능 목회 교회의 형태다. 일반 전통교회에서 선교적 교회론을 취함으로써 재능 목회 교회의 형태로 나타날 수 있다.

(2) 사회적 기업 형태의 재능 목회

지역에 기반을 두지 않은 재능 목회 교회 형태가 있다면 사회적 기업일 것이다. 사회적 기업을 운영하는 목회자에게는 사회의 어떤 영역이나 사람이 선교지다. 복음이 필요한 대상이나 영역에서 전문적으로 사역하는 것이 재능 목회이다.

어느 마을에 깨끗한 물이 나오지 않아서 주민들이 병에 걸려 죽는 일이 많고, 그러다 보니 마을 주민들은 경제적으로 가난해지고 아이들은 제대로 교육받지 못하는 문제가 발생했다면, 재능 목회 교회는 이 문제를 해결하기 위한 프로젝트를 진행한다. 마을에 깨끗한 물을 공급하는 방법을 연구하기, 그 일을 위해 국가에서 협력해야 할 일을 조절하기, 여러 장비들을 도입 및 공사하는 데 필요한 투자를 유치하기, 현지 주민들이 이러한 것들을 지속해서 유지 관리하기 위한 주민 정책 협의체를 구성하기 등의 일들과 아이들을 교육하고 복음을 전하는 일들을 병행한다. 이렇게 마을의 필요가 해결되고 정해진 기간 동안 복음이 전해지면, 이 교회는 또 다른 복음이 필요한 곳을 찾아 이와 같은 사역을 시작할 수 있다.

진행되는 사역의 특성상 재능 목회는 전문 분야의 성도들이 함께 모여 일을 해결해 나가기 때문에 교회의 사역도 효율적으로 된다. 이들은 회사의 형태를 가질 수 있고, 선교단체의 형태를 가질 수도 있다. 또는 개인의 재능을 기반으로 한 소규모 모임이 될 수도 있다. 이들은 자신이 가진 전문적 기술로 생계를 이어가거나 정기적인 선교 후원을 받아 살아간다.

아프리카 마을에서 우물파기 재능선교를 하는 사람들 [23]

(3) 개인과 기업 형태의 재능 사역

사회에서 개인이 가진 재능을 통해 선교적 목표를 이루는 소규모의 교회 형태도 재능 목회의 한 형태다. 그동안은 예배당을 떠나 회사에서 하는 일, 혼자서 복음을 위해 기술을 개발하고 어떤 콘텐츠를 만드는 일 등에 대해 교회의 사역이라 생각하지 않았다. 그래서 선교적 목표를 가지고 기획하고 진행하는 일이

23　Microsoft Copilot DALL.E 3 로 생성

없음에도 이런 일은 그저 세상의 일 정도로 치부되었고, 그 일이 끝나고 예배당에 가서 하는 이후 사역이 더 중요하다고 여겨졌었다. 그러나 선교적 목표를 가진 일이라면 그 일을 일생의 사명으로 완수하고자 하는 노력이 더욱 필요하다. 현실의 문제를 해결하거나 완수하기 위해서라면 전문성은 필수요건이다.

교회의 본질을 생각할 때도 개인이든 두세 명이든 주님을 믿고 하나님 나라를 위해 사회 속에서 제자로 살아가는 사람들은 모두 교회다. 현대 사회 속에서는 다양한 영역에서 콘텐츠를 만들고 사역하는 교회들이 많이 필요하다.

더바이블프로젝트(TheBibleProject)와 같이 각자 다른 재능으로 전문적인 사역을 통해 온라인 공간에 성경을 더 잘 알 수 있도록 유익한 콘텐츠를 만들어내는 사역자, 유튜브에 복음 콘텐츠를 끊임없이 만들어내는 미디어 사역자, 학원에서 학생들에게 강의하며, 상담하고, 신앙의 길로 끌어내는 사역자, 기독교 가치관으로 영화를 만드는 회사, 온라인 게임을 만들어 실제와 같이 성경 이야기를 접하게 하는 회사 등 이들이 사회 속에서 끼치는 영향력은 건물교회보다 더 크다.

사람들은 온라인과 인공지능, 기술 영역에서 더 많

은 시간을 보내고, 더 많이 교제하며, 더 많은 영향을 받고 있다. 그렇기 때문에 그곳에서 사역하고 복음을 전해야 할 선교사가 필요하다. 이와 같이 교회론이 바뀌면, 개인과 기업이 진행하는 일들은 단순한 세상일이 아니고, 오히려 하나님 나라를 이 시대에 효과적으로 전할 수 있는 도구를 소유한 교회가 되도록 견인한다.

이런 재능 목회 교회에 더 많이 투자하고 전문 인력을 양성하여 인공지능, 게임, 미디어 영역에서 복음을 제대로 전하고 가르칠 수 있는 길을 열어야 한다. 신학교를 졸업한 사역자들도 건물교회로 들어가 설교만 하는 목사가 아니라 게임을 만드는 개발자, 영화를 만드는 제작자가 되어 그 일 자체가 선교가 되게 하고, 그 일을 하는 본인은 전문 목회자로, 그 일에 관심을 두고 협력하는 성도들은 재능 목회 교회의 공동체가 되어야 한다.

3) 재능 목회의 장단점

[재능 목회의 강점]

(1) 세상과 지속적인 연결성

교회 안보다 세상 속에서 일을 하기 때문에 세상과 단절되지 않고, 믿지 않는 사람들과의 연결점이 계속해서 생긴다. 또한 자신의 전문성을 가지고 사람들과 관계하므로 사람들에게 신뢰받는 대상이 될 수 있다.

(2) 일과 목회의 하나 됨

목회할 때나 일을 할 때 정체성의 혼돈을 겪지 않으며, 목회와 생존이라는 이분법적 구조가 생기지 않는다. 오히려 일이 목회를 돕고, 목회가 일을 돕는 상호 보완적인 형태를 보인다. 목회자나 성도나 동일한 마인드로 일하는 공동체이기 때문에 교회 전체가 선교적 공동체라 할 수 있다.

(3) 전문성

재능 목회로 사역하면 시간이 지날수록 일에 대한 전문성을 갖게 되고, 이를 바탕으로 더 전문적인 선교활동을 기획하고 진행할 수 있다. 그리고 전문성을 가진 공동체들과 연합과 협력을 통해 유기적이고 효과적으로 하나님 나라의 일을 감당할 수 있다.

(4) 유기적 연합

성도들은 일상에서 제자로 살아가며 세상을 선교사로 파송된 곳으로 여긴다. 주일이 되면 흩어졌던 성도들이 연합하기 위해 모인다. 모든 성도는 주체적이고 능동적으로 사역에 참여하며 각자의 역할이 분명하다.

(5) 건물이 아닌 진짜 교회 중심 공동체

교회는 건물이 아니라는 표어가 실제가 되는 공동체로 살아간다. 건물을 중요하게 생각하지 않기 때문에 돈이 많이 들지 않고, 공동체가 모이는 곳이 예배당이며, 그들의 모임의 본질을 더 중요하게 생각한다.

[재능 목회의 한계]

(1) 성도의 마인드에 변화가 필요

예전 중심의 한국 교회 상황에서 재능 목회 교회의 가치를 따르는 성도들을 찾는 일은 쉽지 않다. 그러나 가나안 성도들이 교회를 떠나고 비판했던 내용들이 그동안 전통교회에 있었던 문제라고 한다면, 재능 목회 교회는 이러한 부분들을 극복하고 새로운 대안이 될 수 있다는 점에서 얼마든지 가능한 일이다.

(2) 주중 모임의 어려움

성도들은 삶의 현장에서 치열한 선교적 삶을 살아가기 때문에 수요 예배, 금요 철야, 목요 성경공부 등 일반적으로 평일 저녁에 진행되는 예배와 활동들이 불가능할 수 있다. 그러나 이는 현재 전통교회에서도 맞벌이, 개인주의 등의 문제로 모이는 데 어려움을 겪고 있어서 재능 목회 교회만의 문제점으로 꼽을 수 없다. 오히려 재능 목회 교회는 평일의 삶을 선교적 삶으로 지향하므로 성도 개개인의 책임과 역할이 분명하다.

(3) 일과 선교의 역할에 혼동

자칫 일과 선교의 구분점을 잃어버리기 쉽다. 이는 선교적 교회론에 가해지는, 모든 것이 선교적이라면 아무것도 선교적이지 않다는 유명한 비판과 맞닿아 있는 지점이다. 내가 하는 모든 일이 선교적일 수 없고, 선교가 아닌 사업을 하는 사람으로만 남을 수 있다. 이를 방지하기 위해서는 사업에 대한 틀을 만든

후 사업을 이끌어가는 목표가 선교적이 되도록 부단히 노력해야 한다. 선교사는 해외에서 NGO를 할 수 있고, 정부와 연계하여 사업을 진행할 수도 있고, 병원이나 학교, 공장을 지을 수도 있다. 이처럼 선교사가 선교적 목적으로 기획하고 진행할 때 정체성이 확고해야 한다.

그런데 이는 목회도 마찬가지다. 같은 일을 해도 어떤 목적으로 일을 하느냐에 따라서 가치는 달라진다. 바리새인들이 종교적인 일을 얼마나 많이 감당했는가? 그러나 그들을 향해서 예수님은 화를 내셨다. 마음 없이 행하는 모든 일은 같은 위험성을 지니고 있다. 주님은 우리 모두에게 제자로서의 사명을 주셨다. 우리는 일터와 가정 그리고 교회에서 제자로서 끊임없이 노력하며 사명을 이루고 살아야 한다.

III.

1. 어떻게 재능 목회를 시작할 수 있을까?

2. 재능 목회의 사례

팀 프로젝트

본캐와 부캐

재능 발견하기

재능 목회를 시작하라

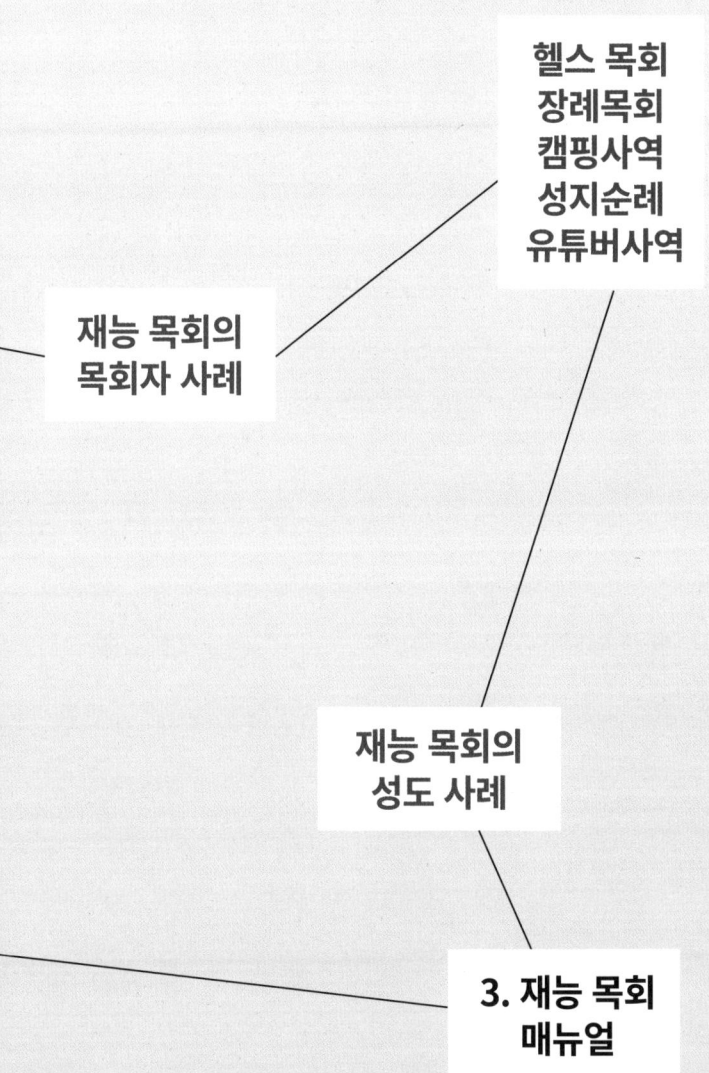

1. 어떻게 재능 목회를 시작할 수 있을까?

이제는 재능 목회의 시대로 변환되어야 한다! 너무 과감한가? 하지만 전통교회가 가진 기능과 시스템만으로는 한국 사회에서 교회의 본질적 기능과 역할, 선교적 사명을 감당하기에 부족하다는 사실을 인정할 것이다. 이것을 포기하라는 말이 아니라, 이제 교회들이 이런 시도를 당연히 할 수 있어야 한다는 것이다. 신학교를 졸업하는 목회자가 재능 목회로 시작할 수 있기를 바란다. 마찬가지로 전통교회에서 사역하는 목회자도 선교적 목회를 위해 재능 목회를 시작할 수 있기를 바란다.

우리 주변에서 재능 목회를 찾아보라고 한다면 비즈니스 선교, NGO사역, 사회적 기업 등을 생각할 수 있다. 자신이 가진 전문적인 재능을 통해 복음 전파를 목적으로 관련된 일을 하고 있기 때문이다. 그러나 이제는 세상의 변화에 맞게 다른 사역의 방향들도 찾아봐야 한다. 예컨대, 헬스트레이너로서의 목회, 과외선생님으로서의 목회, 캠핑 목회 등으로 현대 사회가 요청하는 다양한 분야에서 자신의 전문 재능을 사용할 수 있다.

  한국 사회는 TV와 유튜브, SNS에서 헬스 콘텐츠가 매일 올라올 정도로 헬스 열풍에 휩싸여 있다. 또 교육 문제는 아직까지 빼놓을 수 없는 대한민국의 핵심 이슈이고 교육에 투자하는 비용도 매년 증가할 정도로 중요한 관심사다. 이런 영역에서 전문성을 가진 사람이 자신의 콘텐츠로 사람들에게 도움을 주며 그들과 접촉점을 가지고 사역할 수 있다면 그 파급력은 대단히 클 것이다.

  또한 일하고 노는 것의 균형을 중요하게 생각하는 사람들에게 캠핑은 하나의 트렌드로 자리잡혀 있다. 만약 목회자가 캠핑장을 마련해 놓고 그곳에서 가족의 사랑을 회복할 수 있는 프로그램을 운영한다면 어떨까. 노래를 잘 만드는 사람이 세계 곳곳에 그리스도의 아가페적 사랑을 노래하는 곡을 만들 수 있고, 노래를 좋아하는 사람들과의 모임을 통해서 선한 일을 도모할 수도 있다.

  다양한 형태로 펼쳐질 수 있는 재능 목회 사역은 각자의 전문성과 재능을 활용하여 복음을 전파하고, 사회 속에서 그리스도의 증인으로 살아가는 방법을 제시할 수 있다. 이를 통해 교회는 사회와 더욱 긴밀하게 연결되고 복음의 영향력을 확장할 수 있게 될 것이다. 그렇다면 본격적으로 어떻게 재능 목회를 준비할 수 있을까?

1) 전통적인 목회 모델을 넘어서라

신학교 졸업 후 바로 건물교회로 들어가 사역하는 것을 과감하게 내려놓겠다는 결단이 필요하다. 안정적인 목회 사역을 꿈꾸기보다 선교적 목표를 중심으로 목회 사역을 준비해야 한다. 재능 목회를 시작할 때 이 점이 가장 힘든 부분이다. 신학교를 나온 대부분의 사역자들은 건물교회로 들어가 그곳에서 사역의 시작과 마침을 하기 원한다. 왜냐하면 그 모습밖에 보지 못했기 때문이다.

그러나 다시 생각해 보기를 바란다. 만약 신학교를 졸업한 후 내가 들어가 사역할 건물교회가 하나도 없다면, 나는 목회자로서 무슨 사역을 시작할 수 있겠는가? 어떻게 소명을 이룰 수 있겠는가? 지금은 교회가 많고, 교회 안에서 목사로 사역하는 것이 목회라는 고정적 이미지가 굳어졌지만, 한국 선교 초기만 해도 지금 우리가 당연하게 생각하는 분위기가 아니었다. 교회 건물이 없는 상황에서 세상 사람들과 만나고 그들에게 복음을 전하는 일차적인 선교활동이 강조됐었다.

이런 면에서 우리는 전통적인 교회 모델을 넘어서는 목회를 고민해야 한다. 만약 사례를 줄 수 없고 목회할 성도도 전혀 없다고 한다면 나는 어떤 목회를 시작하겠는가? 이 고민의 지점에서 우리는 하나님이 주신 소명을 더 분명하게 직시하고, 더 본질적인 목적을 가지고 사역을 시작할 수 있을 것이다. 그리고 여기서 우리는 재능 목회의 답을 찾을 수 있다.

2) 선교적 교회론을 가져야 한다

선교적 교회론에 입각해서 재능 목회를 준비한다는 것은 새로운 교회론을 필요로 한다. 건물교회를 벗어난 교회를 상상해 보라. 그리고 그런 교회가 하나님 나라를 세우는 데 더 효과적일 수 있음도 생각해 보자. 선교적 교회론은 오늘날 전통적 교회론의 대안이 된다. 교회가 무엇이어야 하며, 성도들은 어떻게 살아가야 할지 답을 내릴 수 있다.

따라서 교회가 선교적으로 변화되어야 한다는 당연한 사실을 기초로 재능 목회 교회를 준비해야 한다. 성도들이 건물 안에 얼마나 많이 모이느냐로 교회의 존재 목적을 생각하지 않도록 교육해야 한다. 성도들은 종교 서비스를 받으러 교회에 나오지 않아야 하고, 목회자도 그럴 필요가 없다. 모두 제자이고 선교사라는 정체성이 가장 중요하다.

요한계시록에 나오는 소아시아 일곱 교회는 건물교회로서 존재하는 교회가 아니었다. 튀르키예로 성지순례를 가는 성도들이 가장 많이 오해하는 내용 중의 하나가 바로 이 부분이다. 소아시아 교회 순례를 하면 버가모교회는 어디 있는지, 두아디라교회는 어디 있는지를 찾는다. 그러나 성도들이 찾는 건물교회 형태의 소아시아 교회는 남아 있지 않다. 그들은 건물교회가 아니라 믿는 사람들의 모임으로서의 '교회'가 전부였고, 예배당이 아닌 가정집에서 모였기 때문이다. 라오디게아에는 눔바 집에 모이는 교회가 있었고, 로마에는 브리스길라와 아굴라 집에 모이는 교회가 있었으며, 골로새에는 빌레몬 집에 모이는 교회가 있었다.

골로새서 4:15

… 눔바와 그 여자의 집에 있는 교회에 문안하고

로마서 16:5

또 저의 집에 있는 교회에도 문안하라 …

빌레몬서 1:2

… 네 집에 있는 교회에 편지하노니

건물교회가 있기 전에 교회 공동체는 부흥했었다. 그것이 사도행전에서 우리에게 전해주는 바이다. 건물교회의 크기를 부흥으로 생각하는 사고에서 벗어나, 건물교회 전의 본질적인 교회 공동체를 다시 찾을 때이다. 그리고 재능 목회가 그것에 대한 답이 될 수 있다.

3) 목회가 아닌 선교다

한국교회는 많이 모이는 교회에 치중하여 '목회(牧會)'하는 것에만 너무 집중해 왔다. 교회 규모가 커지면서 교회 내부 구성원들을 관리하는 문제가 교회의 핵심 사명이 되었다. 이는 마치 사도행전 6장에서 교회가 커지면서 그리스파와 히브리파 과부들의 음식 배분 문제로 교회에 위기가 발생한 것과 비슷한 상황이다. 내부 공동체 문제에만 골몰하다 보니 교회는 건물 중심의 시스템이 되었고, 믿지 않는 사람들과의 접촉점은 사라졌다.

그래서 재능 목회로 새로운 목회를 시작하려는 사람은 '목회'보다 '선교'에 집중하고 준비해야 재능 목회 교회 공동체로 바로 세울 수 있다. '목회'만이 교회의 사역이 아니라, 이제는 '선교'가 교회의 핵심사역이 되어야 한다. 재능 목회는 교회를 목자가 양떼를 돌보고 관리하는 기능의 목회보다, 성도 개개인이 선교적 공동체 일원으로 제자와 선교사로 사역하는 교회를 추구한다.

최근 성결교단의 어느 목사는 교회 창립 10주년을 맞아 교회 공동체를 해체하는 결정을 내렸다. 그의 표현대로 하면 해체가 아니라 '세상 속으로 흩어지는' 결정이다. 이 교회는 성장세에 있는 교회였고 어떤 어려움이나 분쟁도 없었다. 그런데 이런 결정을 한 이유는 이중직을 하고 있는 담임 목사의 본질적인 물음에 대한 답이었다. 교회가 성장할수록 제도권화되는 모습이 발생했다. 성도들은 목회자에게 교회 안에서의 책임과 유지를 위해 더 많은 시간과 사역을 요청하기 시작했다.

담임목사는 이것이 과연 목회의 해결점일까를 고민하며, 모든 권리를 내려놓고 다시금 세상 속으로 들어가는 것이 해결책이라 생각했다. 그렇게 교회를 내려놓는 결정을 하고 나니 교회 안에서 담임 목회자로 안주하며 고여 있었음을 오히려 회개하게 되었다고 한다. 그리고 그는 세상 속에서 교회를 세워가는 모습으로 다시 태어날 것이라 선언했다.

4) 세상의 필요를 찾아라

재능 목회는 은사를 통해 세상 속에서 선교적 삶을 실천하며 사는 것을 목표로 한다. 이를 위해서 세상에 대한 이해는 필수적이다. 세상이 무엇을 필요로 하는지를 찾아내 접근해야 하기 때문이다.

선교사들은 열악한 한국 사회에서 우리의 필요를 찾아내 병원을 짓고 학교를 세웠다. 최일도 목사는 청량리 노숙자들이 제대로 밥 한 끼도 먹지 못하는 모습을 보고 밥퍼 사역을 시작했다. 아프리카 선교사들은 그곳의 깨끗하지 못한 물 때문에 사람들의 생명에 문제가 생긴 것을 보고 한국 교회들과 함께 우물 만들기 사역을 진행했다. K-POP이 전세계적으로 인기를 끌게 되자 선교지에서 한글을 배우고 싶어 하는 사람들에게 한글 교실을 열어 주기 위해 한국어 교사 자격증을 따는 사역자들이 생겨났다. 세상의 필요를 찾아내어 사역으로 이어진 사례들이다.

이처럼 내가 속해 있는 세상이 무엇을 필요로 하는지를 알고, 세상에서 소용될 수 있는 것이 무엇인지 파악하는 일은 매우 중요하다. 세상이 중요하게 생각하고 있는 가치나 그들의 필요에 관심을 두지 않고 우리의 기호와 생각에 따라 그들 앞에 자랑하듯 선보인다면, 멋진 나이키 신발을 신고 있는 사람에게 신식

고무신이라며 흰 고무신을 내밀며 자랑하는 것 혹은 수학 시험을 앞둔 학생에게 찾아가 국어 공부하자고 하는 것처럼 우스꽝스러운 상황이 될지도 모른다. 세상의 필요를 알아야 그들에게 효율적으로 다가갈 수 있으며 효과적으로 선교적 삶을 살아갈 수 있다.

1910년대 한국 사회는 일제의 침탈로 인해서 농촌 사회가 망가지고 피폐해졌다. 글을 잘 모르는 사람들은 일제의 토지 수탈로 인해 하루아침에 자기 땅을 빼앗기고 소작농이 되었다. 농업이 기반 산업인 한국 사회는 이와 같은 현실 속에서 신음하며 죽어갔다. 그때 교회는 어떻게 했을까? 장로교단에서는 1920년대부터 농촌부를 만들어 농촌을 살리는 운동을 시작했다. 농사법을 가르치고 그들의 삶을 보듬어주었다. 이 일이 얼마나 중요하게 전국적으로 시행되었는지, 당시 신문 기사에도 자주 보도되었다. 1934년 1월 23일 동아일보 5면에 실린 광고다.

<순천농사강습 일주일간 개최>

평남 순천에서는 2월 1일부터 7일까지 농사 강습회를 개최하게 되었다 한다. 주최는 순천 장로교 지방농사부이고 후원은 본보 지국이라 하며 많은 찬동을 바란다는데 강습 종목은 아래와 같다 한다. 강습종목 일-과수, 이-비료, 삼-

소채, 사-목축, 오-해충, 육-보건, 기타-농사지식. 강사 순천군농회기사 평양 숭실전문학교 교수 순천회생의원장 김동민

당시 사회의 필요는 피폐한 농촌을 살리는 것이었다. 교회는 이들의 필요를 파악하고 농촌을 어떻게 살릴 수 있는지 방법을 찾아 사람들 곁으로 다가갔다. 믿지 않는 농촌 사람들은 강습을 받으러 편하게 교회 예배당을 찾았고 그곳에서 그들의 필요를 채워주는 선한 교인들을 만났다.

그 결과 그 당시 총회 회의록에 나오는 교인 통계표를 확인하면, 1910년에 장로교 교인들은 14만여 명에 불과했지만, 1930년대에는 36만 명으로 늘어난 것을 확인할 수 있다. 두 배 이상을 훌쩍 뛰어넘는 대단한 기록이다.

예수님이 우리와 같은 인간이 되신 사건은 우리의 관심과 필요에 응답하신 사건이다. 저 멀리 하늘에 있는 하나님이 땅에 있는 인간의 사건을 어찌 알며, 하나님이 우리를 언제 사랑했냐(말1:2)고 불평하는 사람들에게, 내가 너희를 이처럼 사랑했다(요3:16)고 찾아오셨다. 인간으로 내려오신, 가장 낮은 모습으로 오신 예수님이 고난을 당하신 것이야말로 우리의 필

요를 위함이 아니겠는가. 우리도 예수님처럼 세상이 필요로 하는 현장에 있어야 함은 당연한 일이다.

2. 재능 목회의 사례

재능 목회는 복음을 들어야 할 사람들이 모인 곳을 찾아가는 것으로부터 시작된다. 현대인들의 관심과 고민이 있는 영역, 도움이 필요한 영역에서 자신의 전문성을 발휘해 사역하는 그곳이 목회지이다.

[재능 목회의 목회자 사례]

1) 헬스 목회

현재 한국은 헬스 열풍이라 해도 과하지 않다. SNS에 헬스하는 영상을 올려놓는 일 정도는 일상이 되었고, 운동을 해서 바디프로필을 찍는 것이 유행인 시대를 살고 있다. 한국은 2010년대 중반부터 헬스 열풍이 불었다. 그러다가 소셜미디어가 발달하면서 인스타그램, 유튜브 등을 기반으로 피트니스 인플루언서와 헬스 관련 콘텐츠들이 큰 인기를 끌게 되었다. 대중들은 그들을 통해 운동의 필요성과 실제적인 운동법을 쉽게 배울 수 있게 되었다.

또한 건강한 라이프스타일을 추구하는 사람들이

늘어나면서 운동의 중요성이 더욱 강조되었고, 주 52시간 근무제도의 시행으로 퇴근 후 여가시간이 확보되어 운동하는 데 시간과 비용을 사용하기 시작했다. 이런 열기에 호응하듯 전국에 헬스장이 우후죽순 생겨나 약 1만 개의 헬스장이 세워졌다. 이 수치는 지난 10년간 54%나 급증한 것인데, 이로써 우리나라는 세계에서 헬스장이 가장 많은 나라로 급부상되었다.

과거 선교사들이 한국에 병원을 열고 사람을 고치는 일을 했던 것처럼, 헬스를 도구로 사역하는 것은 선교에 있어서 효과적인 접근이 될 수 있다. 헬스를 통해 몸을 건강하게 유지하고 건강을 되찾으려는 사람들의 수요가 꾸준히 증가하고 있고, 몸의 건강뿐 아니라, 복음을 통해 마음의 건강까지도 책임질 수 있는 사역으로 이어지는 접점을 발견할 수 있다.

JCM 헬스, 최덕호 목사

최덕호 목사는 미국에서 유학한 후 한국에서 부교역자 생활을 하다가 8평 원룸에서 개척했다. 그런데 개척 후 6개월 정도 되었을 때 마음에 우울감이 찾아왔다. 그때 아내의 권유로 동네 헬스장에서 운동을 시작했는데, 그것이 최목사의 변화의 시작이 되었다. 몸이 회복되면서 마음의 변화가 생기고, 외부 사람들과 새로운 교제를 하기 시작했다.

이후 그는 스포츠 자격증을 따고 헬스장을 차렸다. 최목사는 헬스장에서 믿지 않는 사람들을 만난다. 몸 건강을 위해 찾아오는 사람들과 긴밀한 1:1 코칭을 하며, 때때로 예수그리스도의 삶을 전하고 있다. 그는 헬스가 주는 유익을 경험하고 그 일이 좋아 헬스장을 시작했고, 그곳에서 교회도 시작했다. 주일에는 헬스장이 교회로 변화되어 그곳에서 하나님을 예배한다. 교회만 있었다면 주로 믿는 사람들만 만났을 텐데, 헬스장을 시작하고 나서 믿지 않는 사람들을 더 만날 수 있게 되어 감사하다고 말하고 있다.

크로스핏 뉴젠, 이성호 목사

이성호 목사는 39살에 운동의 유익과 재미를 느끼고 이 일을 통해 복음을 전해야겠다고 생각했다. 남들보다는 조금 늦었다고 생각했지만 그는 스포츠 자격증을 따고 홍대에서 크로스핏 코치가 되었다. 그런데 그 직장이 4개월 만에 갑자기 폐업하게 되었다. 허망한 나머지 어떻게 해야 할지를 고민하고 있을 때, 지인으로부터 무기한 무이자로 인수할 만한 자금을 얻어 이곳을 운영하게 되었다. 그는 운동이라는 수단을 통해서 많은 사람에게 하나님 나라를 전하는 역할을 하고 있다.

홍대는 젊은이들에게 가장 핫한 공간이다. 그래서 이성호 목사는 학생들의 주머니 사정과 그들의 접근성을 위해 회비를 가장 저렴하게 운영하고 있다. 그리고 만나는 사람들에게 크로스핏 운동을 통해 보냄 받은 선교사로서의 사명을 감당하고 있다. 중간에 일반 목회 청빙 자리가 왔지만, 이것이 자신에게 주어진 사명이라고 생각해서 지금도 크로스핏 일을 계속하고 있다.

홈트레이닝, 윤광원 목사

윤광원 목사는 청년 시절, 폐종양이 발견되면서 몸을 건강하게 하는 것이 성경이 말하는 고귀한 영적 예배를 가능하게 한다는 사실을 깨달았다. 그래서 건강 회복을 위해 헬스를 시작하게 되었는데, 그때 운동이 주는 유익을 알았다고 한다. 그는 이탈리아에서 열린 보디빌딩 대회(INBA)에서 금메달을 수상했는데, 이 일을 통한 소명을 깨달은 후 헬스 트레이너로 사역을 시작했다.

그는 자신의 사역을 이중직으로 생각하지 않는다. 그가 하는 헬스 트레이너 사역이 자신이 소명 받은 사역이기 때문이다. 그에게 헬스 트레이닝은 복음을 전하는 도구이고, 이것을 통하여 세상에서 사람들의 영·혼·육을 보살피는 목회를 한다고 믿는다.

 또한 홈트레이닝을 열고 성도들을 따로 모으지 않는 선교적 교회를 시작했다. 사람들은 코치가 목사라는 사실을 알지 못한다. 하지만 사람들의 몸과 영혼의 건강을 돕고 하나님 나라를 경험하게 하는 사역자 마인드로 사람들을 만나고 있다. 이렇게 트레이너로 일하는 8년 동안 교회 밖에 있는 비그리스도인들이 운동을 통해 복음을 받아들이는 놀라운 일을 많이 경험했다. 그가 재능으로 사역하고 있는 운동 현장은 그의 훌륭한 목회지이다.

2) 장례목회

장례지도사, 이춘수 목사

이춘수 목사는 오롯이상조를 운영하는 장례지도사이자 탐험하는교회 담임 목사이며, 오롯이서재 대표이다. 이 목사는 30대 중반에 주일학교 교사로 봉사하던 중 제자가 비전 트립을 갔다가 파도에 휩쓸려 죽게 되는 일을 경험했다. 제자의 천국환송예배를 드린 날 밤, 이춘수 목사에게는 급성 심근경색이 찾아왔고 그 일을 통해 이 목사는 죽음의 의미를 깨닫게 되었다. 그는 죽음에 이르는 과정을 통해 기독교 신앙과 삶의 의미를 새롭게 인식하게 되었고, 그때 죽음을 통해 하나님 나라를 전하는 선교적 목회를 결심했다.

죽음의 문턱 앞에 있다가 다시 살아난 사람은 어떤 삶을 살게 될까? 분명 이전과는 다른 삶을 살게 될 것이다. 그는 죽음의 문턱 앞에서 다시 돌아와 새로운 삶을 살게 되었듯이, 다른 사람들에게도 죽음을 넘어서는 영원한 하나님 나라를 나누고 싶었다. 그래서 장례지도사로서 이 죽음을 통해 열리는 새로운 삶을 디자인하는 사역을 한다.

또한 이춘수 목사는 예배당이 없는 탐험하는교회의 목사이기도 하다. 그에게는 두 종류의 교인이 있다. 보이지 않는 교인으로서 자신이 장례를 치러준 고인과 유가족들이다. 보이는 교인은 교회 밖에 있는, 교회에 출석하지 않는, 이른바 '가나안 교인들'이다. 그는 그들의 직장이나 집을 찾아가 삶의 자리에 감추어 있는 하나님 나라를 함께 나눈다. 그리고 그리스도인으로서의 정체성을 새롭게 세워가는 탐험의 삶을 돕고 격려하는 목사로서의 사역을 감당하고 있다.

그가 만나는 사람들은 그가 목사인지 모를 수도 있고, 그가 나누는 삶과 메시지가 천국 복음인지도 모를 수 있지만, 그는 마치 밭에 감추어진 보화와 같은 하나님의 나라를, 하나님의 사랑을 자신의 일을 통해서 명확하게 전하고 있다.

3) 캠핑사역

2021년에 캠핑목회를 시작할 마음을 품은 한 전도사가 나를 찾아와 조언을 구했다. 나는 그와의 만남을 통해 캠핑 사역이 현시대에 꼭 필요한 사역이 될 수 있다고 생각하게 되었다.

한국에서 캠핑을 즐기는 사람들의 증가 추세는 2010년대 이후로 급격하게 늘어났다. 특히 코로나 기간에는 사회적 거리 두기로 인해서 가족들 단위로 캠핑을 즐기는 사람들이 폭발적으로 많아졌다. 2010년에는 100만 명 정도였는데, 2020년대 중반에는 500만 명을 넘어서더니, 2022년에는 700만 명까지 급증했다. 전국의 캠프장도 3,500개가 넘는다. 온라인쇼핑몰의 판매데이터도 텐트 매출이 2023년에는 전년에 비해 912% 급증했고, 캠핑용 컵은 340%, 캠핑용 텐트, 의자, 장비 등의 판매량도 엄청난 증가세를 보였다. 특히 한국관광공사의 자료에 따르면 가족 단위로 캠핑장을 이용하는 비율이 높게 나오는데, 바로 이 점에 주목할 필요가 있다.

캠핑장을 찾는 사람들이 많다고 한다면, 이곳에서 사역하는 건 어떨까? 현대인들에게 중요한 문제 중 하나가 가족 문제이다. 온 가족이 뿔뿔이 흩어져 직장과 학교에서 바쁘게 사느라 함께 밥 먹을 시간도 없는 게 한국 사회의 가족이다. 저녁이 있는 하루가 보장이 안 되는 현실이다. 그러다 보니 가족 문제도 심각하다. OECD 국가 중 자살률이 1위다. 하루에 35명꼴로 자살한다.

이런 현실에서 캠핑 목회를 통해 이들에게 기독교의 핵심 가치를 드러내는 프로그램과 휴식을 선사할 수 있다면 매우 유용할 것이다. 믿지 않는 분들에게도 믿는 가족이 캠핑을 권유하기에 좋은 기회다. 온누리교회에서 2023년에 시행한 '아빠 캠핑가자' 프로그램은 이런 가능성을 보여주었다. 무교인 남편이 아내의 요청으로 1박2일 캠핑에 참여해 부정적으로 생각해 오던 교회에 대한 이미지를 바꿀 수 있었다.

경치 좋은 곳에 가면 기독교 수련원들이 많이 있다. 그러나 이런 곳들은 1년 내내 사용되지 않고, 여름과 겨울 수련회 기간 중에만 주로 이용된다. 만약 캠핑을 목적으로 이런 곳과 적절히 계약하여 사람들이 이곳에서 가족의 소중함을 깨닫고, 온전한 쉼을 누리며, 행복한 시간을 보내도록 잘 준비한다면 일거양득이 되지 않을까. CCM 콘서트와 음악회, 가족 치유 프로그램과 파티 등을 활용해 교회의 프로그램으로 접목한다면 더욱 유익하게 사용될 수 있다. 그뿐만 아니라 캠핑을 갈 수 없는 소외되고 어려운 상황의 가족들을 대상으로 이런 기획을 진행한다면, 이들에게는 가족의 회복과 쉼이라는 두 가지 면에서 충분한 행복을 누리고 오게 될 것이다.

4) 성지순례

현재 나는 길목교회의 담임목사다. 또한 세상과 교회를 연결하는 사역을 위한 CSI BRIDGE의 대표이며, 시대의 변화에 맞는 복음 콘텐츠를 준비하기 위해 젊은 목회자들 130여 명이 모여 있는 JDHUB의 대표이기도 하다. 그리고 몇 년 전부터는 성지순례 가이드 사역을 하고 있다.

성지순례 사역은 내 의지로 시작된 것은 아니었다. 학부 신학교 동기였던 이동환 선교사가 3주 동안의 튀르키예 여행을 나에게 선물했고, 그곳에서 성지순례를 전문으로 하는 페트라여행사의 오세만 대표님의 제안을 받아 이 일을 시작하게 되었다. 그런데 성지순례 가이드를 하면서 이 일이 얼마나 매력적이고 내 재능에 맞는 일인지, 또한 선교적 가능성을 가진 일인지를 재차 확인할 수 있었다.

성지순례 사역은 성도들에게 역사와 지리, 성경을 총망라해서 신앙교육이 이루어지는 곳이다. 그것도 평생에 한 번 간다는 성지로 특별히 시간을 내서 오신 분들에게 성경의 실제적인 무대에서 진행되는 신앙교육이자 성경공부라고 해도 과언이 아니다.

교회에서 배우는 성경공부와 성지순례에서 진행되는 성경공부는 차이가 있다. 성지순례에서 진행하는 성경공부는 실제 현장에서 이루어진다는 가장 큰 장점이 있고, 그동안 들은 말씀들이 현장 실물을 통해 더 깊고 새롭게, 그리고 입체적으로 다가오기 때문에 이곳에서 배우는 말씀은 쉽게 잊히지 않는다. 게다가 최소 일주일부터 12~13일까지 이루어지는 긴 시간 동안 버스나 현장에서 집중적으로 하나님 이야기, 신앙 이야기, 성경 이야기를 듣게 된다. 교회 프로그램으로 생각한다면 부흥 대성회가 일주일 이상 이루어지는 것이다. 중간에 빠질 수도, 돌아갈 수도 없고, 긴밀하고 집중적으로 이루어지는 말씀 사경회가 성지순례에서 진행되는 것이다.

그것뿐만 아니라 성지순례 사역은 불신자들과의 접촉점도 생긴다. 성지들은 기독교인들뿐만 아니라 일반인들도 찾는다. 일반 사람들이 많이 찾는 로마 시대의 유적들은 대부분 기독교 유적이기 때문에 역사를 이야기할 때 성경 이야기를 벗어날 수 없다. 로마 제국이 313년 기독교를 공인하고 4세기 말 기독교 국가가 된 이후부터 1453년 오스만제국에 의해 멸망할 때까지 남겨놓은 수많은 역사 유적은 기독교 시대의 유적들이기 때문이다. 그래서 일반 사람들도 유적지를 찾아와 듣는 내용이 교회 이야기이다. 이들에게 하나님 이야기를 하게 됨으로써 불신자들에게 복음을 전할 가능성이 자연스럽게 열리는 사역이 되는 것이다.

이스라엘에서 성지순례 가이드 사역 중인 필자

그동안 성지순례 사역을 하면서 많은 분에게 피드백을 들었다. 성지순례를 통해서 '하나님의 뜻을 발견하는 시간이 되었습니다', '성경이 얼마나 놀라운 사실을 담은 책인지 알게 되었습니다', '귀국하면 성경을 제대로 다시 읽고 싶습니다' 등의 답변이 있었다. 그리고 "이 일이 너무나 귀한 사역"이라는 이야기를 해준 분들도 많았다. 그냥 여행에 불과할 수도 있지만 이 일이 사역으로 잘 준비된다면, 성지순례는 한 사람의 인생을 바꾸는 계기가 될 수 있고, 기독교 신앙을 공고히 하고 실제적인 믿음으로 변화시키는 역할을 할 수 있다고 본다.

성지순례 가이드 사역은 내 재능에 맞는 일이기도 하다. 나는 신학대학원에 진학하려는 예비 목회자들을 위한 '쭈바이블' 성경공부를 12년 동안 진행해 왔다. 매년 학생들을 모집해 1년 과정으로 성경, 역사, 지리의 관점에서 성경 공부를 진행했기 때문에 성지순례를 할 때 성경과 지리, 역사를 아울러 설명하는 데 강점이 있을 수밖에 없었다. 그리고 나는 여러 기관에서 다양한 행사를 맡아 기획하고 진행한 경험이 많았기 때문에, 2주간의 순례 가운데 일어나는 여러 경우의 수를 대비하고 해결하는 게 어렵지 않았다. 교회에서도 지금껏 목사로서 성도들을 심방하고 상담하는 등 꾸준히 목양을 해왔기에 성도들과 함께 순례의 시간을 갖는 일도 힘들지 않았다. 그래서 이 일은 나의 적성에도 딱 맞는 일이었고 이런 나의 은사와 재능은 성지순례 사역에서 많은 장점으로 나타났다.

5) 유튜버사역

김동호 목사는 높은뜻교회를 은퇴한 목사다. 그러나 그는 은퇴 후에 온라인에서 새롭게 사역을 시작해 많은 사랑을 받고 있다. 김동호 목사의 콘텐츠를 구독하는 사람이 거의 32만 명이다. 웬만한 유명 유튜버의 구독자 수를 넘을 뿐 아니라, 믿는 사람이나 믿지 않는 사람, 노년과 중년 그리고 청소년 세대까지 두루두루 아우르고 있다. 그의 방송은 목사로서의 재능을 이용해 시작한 사역이다.

김동호 목사 유튜브 화면[24]

김 목사는 '날마다 기막힌 새벽'이라는 매일 큐티 콘텐츠를 코로나 전부터 쉴 새 없이 올렸다. 이 영상

---

24 유튜브 채널 '김동호 목사 아카이브'
https://www.youtube.com/@everyamazingmorning

은 코로나 기간에 많은 성도들에게 힘을 주고 은혜를 끼쳤다. 이 영상을 공유하는 수많은 그리스도인을 만날 수 있었다. 그리고 신앙에 대한 궁금증을 해설하는 '안녕하세요? 목사님'을 통해 이해되지 않는 신앙의 문제를 합리적인 설명으로 명쾌하게 풀어주고 있다.

그가 온라인에 올린 한 영상은 65만 명이나 시청했다. 또 올라오는 영상들은 기본적으로 수십만 명이 정기적으로 보고 있다. 그의 온라인에서의 영향력을 어떻게 봐야 할까? 그는 왜 이렇게까지 성실하게 온라인에서 사역하는 것일까? 그리고 이것은 어떤 효과가 있을까?

우선 그가 올린 영상들은 기본적으로 수많은 그리스도인에게 많은 은혜를 끼쳤다. 그의 영상에 달린 댓글들이 그것을 증명한다. 특히 코로나 기간에 교회를 나가지도 못하고 온라인이 활성화되지도 않은 상황에서 그의 영상은 큰 영향력을 행사했다. 또한 합리적인 이해를 바탕으로 올린 그의 영상은 비기독교인들에게도 권해주기에 좋은 영상들이어서 많은 사람들이 그 영상을 믿지 않는 사람들에게 공유했다.

그가 현직에 있었을 때 섬기는 교회의 교인은 대략 5천여 명이었고 매주 그들을 목회했다. 그런데 지금은 정기적으로 32만 명에게 복음 콘텐츠를 전하는 목회를 하고 있다. 오프라인으로 나오기 힘든 사람들과는 온라인으로 소통하고 상담한다. 그 안에는 믿는 사람도 있고 믿지 않는 사람도 있다. 이 영상 콘텐츠는 수많은 사람에게 매일같이 추천되고 알고리즘에 따라 자동으로 보인다. 외롭고 힘든 사람들이 인터넷에서 어떤 주제를 검색했을 때, 그 주제에 관한 김 목사의 영상은 시기적절하게 그분들에게 자동으로 검색되고 있다.

그런데 이런 일은 목회가 아닐까? 은퇴했으니까 하는 일이라고만 생각해야 할까? 새롭게 목회를 시작하는 분들이 이 일을 처음부터 목회로 계획하고 시작하면 어떨까? 온라인 중심의 시대에서 어쩌면 오프라인보다 복음을 더 효과적으로, 제대로 설명하고 전파하는 방법이 될 수 있다. 과거의 화면만 보고 1차원적 시청에만 머물렀던 시대는 사라지고 없다. 상호 소통하며 실제와 같이 체험되는 가상공간의 시대는 벌써 코앞으로 다가왔고 그와 같은 공간에서 하는 사역의 중요성은 매우 커질 것이다.

🌱

대부분의 목회자들이 건물교회로 들어가 목회 사역을 시작한다. 전통교회의 가치를 보존하고 그 안에서 성도들의 신앙을 성장하게 하고 유지하는 사역은 너무나 중요하다. 그러나 시대가 변했다. 다른 사역의 현장에도 있어야 할 목회자들이 너무 한 곳에만 모여 있다. 이제 1% 목회자라도 새로운 목회 패러다임으로 사회 속에서 창의적인 방법의 목회를 시작하기를 바란다.

[재능 목회의 성도 사례]

재능 목회 교회의 성도들은 어떤 사람들일까? 사실 재능 목회에서 가장 중요한 부분 중의 하나가 성도이다. 목회자 혼자만 재능 목회로 준비된다고 끝나지 않기 때문이다. 목사만 재능 목회를 하고 성도들은 전통교회의 성도들로 남아 있다면 그 교회는 오래가지 못한다. 성도들은 목회자의 부재를 경험하고 불만을 품게 될 것이고, 목회자는 전통교회 사역을 하지 못하기에 괴로울 것이다.

그래서 재능 목회를 위해서는 성도들을 제자와 선교사로 훈련하는 일이 필수적이다. 이것은 목회적인 기교가 아니라 성경에서 명령하고 있는 부분인데, 그동안 교회들이 건물교회의 달콤함에 빠져 강조하지 못하고 간과했던 부분이기도 하다. 재능 목회를 시작하게 된다면, 성도들을 교회의 구성원이자 능동적인 사역자로 서게 하는 일이 필요하다. 그래야 건강한 교회 공동체로 설 수 있고, 종교서비스업으로 전락하지 않을 수 있다.

1) 복음의 전함

고정민 이사장은 20여 년 동안 마케팅 분야에서 전문적으로 일 해 온 광고 베테랑이다. 청와대 광고도 3년 반 동안 맡아서 진행했고, 소니와 삼성 등의 대기업 광고도 맡아서 진행한 바 있다. 직원을 30명까지 거느리며 승승장구했던 그가 회사를 과감하게 접고 복음만을 광고하는 비영리법인 '복음의 전함'을 시작했다. 그가 이 사역을 시작하게 된 것은, 하루에 보통 300여 개의 광고를 만나는데, 가장 최고의 브랜드인 예수님 광고가 하나도 없다는 사실을 깨닫고 나서였다.

'복음의 전함'은 복음을 전한다는 의미와 복음을 전하는 전투함이라는 의미로 만든 이름이다. 그는 광고 단가가 가장 비싸다는 미국 타임스퀘어에 'God is Love'라는 광고를 냈다. 슈퍼볼 중계에서 30초짜리 광고의 단가가 60억이 넘는데, 기업들이 앞다투어 광고하는 건 그만큼 효과가 크기 때문이다. 그는 복음 광고를 통해 세계인을 상대로 하나님의 이야기를 전하고 싶다고 생각했다.

이후 4년 6개월 동안 5대양 6대주에 복음 광고를 진행했다. 독일에서는 무슬림이 복음 광고를 보고 예수님을 영접하는 일이 일어났다. 그뿐만 아니라 코로나 기간에 복음 전도가 멈춘 상황을 안타깝게 여기고 대한민국 48개 권역을 다니는 버스와 택시 2천여 대에 복음 광고를 싣고 달리게 했다. 비용만으로도 20억을 들여서 한 일이었다.

타임스퀘어에 걸린 복음의 전함 광고[25]

---
25 복음의전함 홈페이지 자료
https://jeonham.org/1st-north-america/

전도지를 받아 든 사람들의 '그다음은 뭐냐'는 요청에 연예인들의 재능기부를 통해 '들어볼까'라는 영상 콘텐츠를 만들기도 했다. 하나님을 만난 연예인들의 간증영상과 복음에 대한 소개 영상을 올렸다. 그리고 복음의 전함 광고를 통해 대한민국 5천5백여 교회들이 연합하여 복음을 전하는 일들이 일어났고, 군부대를 위해 진행한 '괜찮아! 예수님과 함께라면'이라는 광고를 통해 자살률, 우울증이 실제로 줄어드는 결과가 나타났다. 광고 한 번으로 변하지 않는다는 세간의 비평에 대해서도, 그는 광고에 여러 번 노출되면 어느 순간 그것을 떠올리게 되는 것처럼, 복음도 자주 듣다 보면 그것이 떠오를 순간이 있게 된다고 답했다.

　고정민 이사장은 자신의 재능을 통해 선교하는 사람이다. 그가 하는 일은 직접적인 복음 콘텐츠이다. 평신도로서 그는 하나님 나라를 위해서 자신의 은사를 이용해 재능 사역을 하고 있다. 그가 가장 잘하는 일, 좋아하는 일을 통해서 하나님 나라의 일을 감당한다. 그의 사역에는 교회와 성도들이 연합해서 함께하기도 하는데, 아이디어를 주고 돈을 보태고, 기도로 연합하여 한 팀으로 사역을 감당한다.

2) 성지순례 여행사

오세만 대표는 튀르키예에서 여행사를 하고 있는 집사이다. 그는 오랫동안 여행사를 운영하면서 자신이 일하는 현장을 하나님이 원하시는 일로 변화시키기를 원했다. 돈을 목적으로 성지순례 프로그램이 진행되면 성도들에게는 평생에 한 번 있을지 모를 귀한 시간을 망쳐버릴 수 있다. 그래서 그는 성지순례가 여행이 아닌 '사역'이 되어야 한다고 생각했다. 그리고 그 일을 진행하는 가이드가 단순한 가이드가 아니라 하나님 나라를 위한 '사역자'로 준비된 사람이어야 한다고 믿었다. 그는 이 일을 감당하기에 목회자와 선교사가 적합하다고 생각하여 그들을 가이드로 구성했다. 심지어 이 일에 낯선 목회자들이 전문가로 준비되도록 자기 돈을 들여 주기적으로 여러 나라들을 방문하고 연구하도록 지원했다.

오 대표는 예비 목회자들이 건물교회 담임목회지로 가는 것 뿐만 아니라, 이와 같은 새로운 목회 패러다임 사역지인 성지순례 가이드로 준비될 수 있도록 지원하는 사역도 시작했다. 그래서 모든 비용을 지원하는 인턴쉽 프로그램을 만들었다. 그리고 이렇게 준비된 사역자들이 성지순례를 통해 성도들에게 유익한 영향력을 끼칠 수 있도록 자신의 재능 사역을 감당하고 있다.

3) 헤어디자이너

장현주 집사는 길목교회의 집사이고 미용실 '브엘세바'의 원장이다. 그녀는 자신의 미용실을 자신이 제자로 살아가는 선교지로 여기고 있다. 어떻게 평범한 미용실이 선교적 삶을 사는 무대가 될 수 있을까? 목회자도 아닌 평신도가 재능 사역의 주체가 될 수 있을까? 흔히 미용으로 할 수 있는 선교적 삶이란, 미용실에서 버는 돈을 헌금하거나 선교지에 있는 아이들의 머리를 깎는 일 정도로 생각한다. 이런 사역은 간접적이거나 1년에 한두 번밖에 할 수 없는 사역이 된다.

장현주 집사는 일상에서 자신의 재능으로 선교적 삶을 살고자 했다. 그래서 그는 미용실에 오는 사람들을 자신이 섬길 사람들로 생각했다. 미용실의 특성상 머리를 손질하는 2~3시간 동안은 자리에 꼼짝없이 앉아 있어야 한다. 장현주 집사는 미용실을 찾는 분들의 아픔에 공감하며 들어준다. 그리고 그분들은 헤어디자이너로서의 장현주 집사의 전문성을 신뢰하고 찾아온 분들이기에 자연스럽게 신뢰를 바탕으로 관계가 시작된다.

미용실을 이용하는 사람들의 대다수가 여성들이

다. 국민건강통계에 따르면 한국 사회의 여성들이 남성들보다 우울 지수가 2배 높다. 이 수치는 중년 이상의 여성들에게서 더 두드러지게 나타난다. 한국 사회는 여성에 대한 성차별과 경력 단절, 여성에게 집중된 가사와 육아의 책임이 다른 나라에 비해서 더 심하다. 이런 여성들이 주기적으로 이용하는 곳이 미용실이다. 그리고 이곳에서 많은 대화가 이루어지는 것은 기정사실이다.

장현주 집사는 미용실을 찾는 어려운 분들을 돕기 위해 다양한 준비를 한다. 마음이 아픈 분을 위해 특별히 가사가 좋은 CCM을 준비해서 들려준다. 고통을 당한 분에게는 자신이 듣고 용기를 얻었던 기독교 간증 내용을 들려준다. 감당 못할 슬픔이 있는 분을 위해서는 마음을 다해 기도해 준다. 어려움을 나눈 고객의 이름을 적고 그 일이 이루어지기까지 성실하게, 제 일처럼 기도해 준다. 그리고 고객이 미용실을 찾을 때마다 그 일이 해결되었는지 확인한다.

그 결과, 장현주 집사를 통해 예수님을 믿게 된 사람들이 여럿 있다. 미용실은 교회처럼 믿는 사람들만 주로 활동하는 공간이 아니다. 믿지 않는 사람들이 머리를 손질할 목적으로 언제든 들어올 수 있는 공간이다. 그런 사람들과의 만남 속에서 그들에게 인류 최고의 보물이자 행복의 비결인 예수그리스도를 소개할 수 있다면, 이곳이야말로 최고의 선교지가 아닐까? 장현주 집사는 예수그리스도가 자신의 삶을 어떻게 바꾸었는지 진심으로 간증하며, 행복의 비결인 예수님을 만날 수 있도록 안내자의 역할을 잘 감당하고 있다.

한번은 그 근처에 상담소를 여는 소장님이 머리를 손질하러 오셨다가 장현주 집사와 교제하게 되었다. 장 집사는 여느 분에게처럼 미용실을 찾은 소장님에게도 성심을 다해 제자로서 사역을 감당했다. 어느 날, 소장님은 한 내담자에게 그 미용실을 소개해 줬는데, 이분은 특별한 도움이 필요했던 분이었다. 미용실에 온 내담자는 장현주 집사와의 만남을 통해 그 문제가 치유되는 경험을 하게 되었다.

다른 경우도 있었다. 미용실에 다니던 이분은 장 집사와의 만남을 통해 자녀들과 믿지 않는 남편이 교회에 등록하게 되었다. 물론 1년여에 걸친 시간이 필요했지만, 간절한 중보기도와 보살핌을 통해 교회를 찾게 되었다. 지금도 장 집사는 브엘세바를 찾는 사람들의 머리를 손질하는 일뿐 아니라, 그들의 안색을 살피고, 더 좋은 선물인 예수그리스도를 어떻게 줄 수 있을지를 고민하며 기도하고 있다.

4) 가정주부

김정인 권사는 가정주부이다. 평범한 가정주부가 제자로서 선교사적인 삶을 산다면 어떤 모습일까? 해외 선교 현장을 따라다니며 길을 나서야 하는 걸까? 은혜 받았으니 이제 신학교에 들어가 목회자로 헌신해야 하는 걸까? 김 권사는 일상에서 은사에 따른 선교적 삶이 어떤 것인지를 보여준다.

김 권사는 평범하게 교회의 기도 모임에 참석하고, 성경 공부를 하며, 많은 사람과 교제한다. 그러나 그분의 일상은 매우 선교적이다. 그분의 기도 수첩에는 수많은 사람의 기도 제목이 적혀 있고, 그들을 위해 쉬지 않고 기도한다.

그리고 그 기도 제목은 단순하게 이름 목록만 작성된 게 아니다. 김 권사는 만나는 사람들의 삶에 관심을 기울이고 그들의 말을 들으며 하나님께서 왜 만나게 해주셨는지를 기도하면서 리스트를 만든다. 김정인 권사는 사람들과의 만남을 통해 알게 된 사연이 하나님께서 자신에게 준 사명이라 여긴다. 그래서 그 문제를 위해 심방하고, 만남을 위해 선물을 준비하고, 제 일처럼 통곡하며 기도한다.

학비가 부족한 사람에게 하나님의 통로가 되기 위해 애쓰며, 몸이 아픈 지체의 소식을 들으면 그가 치유될 때까지 관심을 갖고 심방하며 필요를 공급하는 일을 수시로 감당한다. 어려운 선교지 소식을 듣게 되면 그곳을 돕기 위해 주변의 사람들과 함께 후원을 시작한다. 죽음을 앞둔 이들 중 복음이 필요한 사람들이 생기면 마지막 기회를 놓치지 않도록 그곳을 주기적으로 찾아 복음이 전해지도록 기도하고 기회를 만든다.

또한 자녀들이 하나님의 말씀으로 양육되어야 한다는 생각으로 성경 과외를 시킨다. 자녀의 대학 입시를 위해 과외를 시키는 부모는 있지만, 성경 과외를 시키는 부모는 만나 본 적이 없다. 그런데 김 권사는 자녀가 평생 하나님을 경외하며 살 수 있도록 청년의 시기에 가장 중요한 말씀을 가르치고자 애쓴다.

김정인 권사는 주부이지만 자신의 자리에서 어떻게 하나님의 사역에 동참할지를 알았고, 자연스럽게 그분의 삶의 방식이 되었다. 그래서 목회자들처럼 바쁘고 헌신적으로 사역을 한다. 이런 사역은 가정주부로서 자신이 할 수 있는 일이라 여긴다.

그리스도인이 제자로 사는 것은 특별한 직분자만 가능한 게 아니다. 하나님이 주신 마음으로 즉시 순종하며 자기 삶의 현장에서 할 수 있는 일들을 함으로써 많은 사람들에게 복음을 전하고 회복하게 하는 사역을 감당할 수 있다.

5) 미디어 사역

팀 매키(Tim Mackie)와 존 콜린스(Jon Collins)는 어떻게 하면 사람들이 쉽게 성경을 읽을 수 있을지를 고민했다. 복잡한 성경을 제대로 이해하고, 믿지 않는 사람들도 쉽게 접근할 수 있는 방법을 연구하다가, 2014년 그들은 두 개의 영상을 제작해 온라인에 올렸다. 그런데 영상의 퀄리티와 내용이 깊이가 있다 보니 엄청난 인기를 끌었다. 이후 그들은 비영리 기관인 The Bible Project를 세우고 수백 개의 영상과 팟캐스트 및 이미지 자료를 만들었고, 현재는 50개 이상의 언어로 제공되는 다양한 앱을 출시해 성경을 이해할 수 있도록 돕고 있다.

The Bible Project 공동창업자, 존 콜린스와 팀 매키[26]

---

26 The Bible Project 홈페이지 소개 자료 https://bibleproject.com/about/

The Bible Project를 만드는 사람들은 신학 교수와 구글 출신 엔지니어, 디자이너, 전문 마케팅 회사 직원 등으로 구성된 전문가 집단이다. 그들이 만든 콘텐츠는 세상에서 내놓는 것들과 비교할 때 질적인 면에서 절대 뒤지지 않는다. 각자 전문 영역에서 자신의 재능을 이용해 콘텐츠 제작에 참여하기 때문이다. 이들은 각자의 직업이 있지만 프로젝트를 위해 자신이 잘할 수 있는 일을 맡고, 하나님 나라를 위한 선교적 삶에 자신의 은사를 사용하고 있다.

The Bible Project 포스터[27]

27　The Bible Project 홈페이지 https://tbp-arc-assets.s3.amazonaws.com/kor/watch/book_overviews/old_testament/tanak_old_testament_overview/01_overview_tanak_old_testament_poster_001.png

3. 재능 목회 매뉴얼

나는 보다 많은 목회자들과 성도들이 그들의 삶을 재능 사역으로 헌신하고, 재능 목회로 탈바꿈하기를 바란다. 우리에게 주신 하나님의 은사를 따라 더 탁월하게, 더 행복하게 사역할 수 있다고 확신하기 때문이다. 하지만 현실적으로는 쉽지 않다. 지금 감당하고 있는 모든 일을 내려놓고 앞이 보이지 않는 길을 선택하기란 쉬운 일은 아니기 때문이다.

목회자들은 지금대로라면 신학교를 졸업하고 건물교회로 들어가 전임 사역을 하다가, 전임 사역을 마친 후에는 담임목사의 자리로 이동하는 것을 최고의 목표로 삼게 된다. 그리고 교회에서 주는 사택에 들어가 살게 되고 부양할 가족이 생기면 교회를 떠나 밖에서 생존하기는 더욱 힘들어진다. 불투명한 미래와 그나마 안정적으로 주어지는 주거환경과 재정 문제로 인해 건물교회의 사역을 떠나는 것은 쉽지 않은 선택이다.

그래서 재능 목회를 위한 최적기는 신학교 때라고 생각했다. 하나님 나라를 위한 열망이 가장 크고, 새로운 목회 패러다임에 보다 쉽게 접근하고 선택할 수 있으며, 생존이 직접적으로 연결되지 않는 시기이기 때문이다. 경제적으로 매이지 않고, 현실적인 조건에 제한되어 시야가 좁아지지 않았을 때 재능 목회를 시도하는 것이 가장 적합하다고 여겼다.

또한 신학교에도 재능 목회를 제안하고자 한다. 신학교의 존재 목적이 교회의 목회자를 길러낸다는 전통적 의미가 있다면, 재능 목회는 번외의 이야기처럼 보일 수 있다. 그러나 목회자의 현실이나 교회의 생태계를 염두에 둔다면 새로운 목회 패러다임은 계발되어야 할 뿐만 아니라 절실히 필요한 상황이다. 사역할 교회는 줄어들고, 졸업 후 각개전투로 싸우다 사라지는 목회자들을 생각한다면 신학교 차원에서 다뤄야 할 주제라고 생각한다.

재능 목회는 한국교회와 신학교, 신학생들에게 모두 유익한 결과를 가져올 것이다. 한정되어 있는 목회지는 새로운 목회 패러다임으로 해소 될 것이고, 폐쇄적인 한국교회는 세상속에서 소통하는 이미지로 탈바꿈하게 될 것이며, 비어가는 신학교는 다양하고도 실제적인 그리고 실천적인 모습으로 변화되어 찾는 젊은이들이 많아질 것이다.

1) 본캐와 부캐

 신학생이 졸업 후 다양한 삶의 현장에서 사역하게 될 때 잊지 말아야 할 중요한 원칙이 있다. 우리의 본업은 하나님으로부터 부르심을 받고, 세상으로 보냄을 받은 사역자라는 사실이다. 이것은 모든 일에 앞서서 가장 중요한 부분이다. 재능 목회를 할 때 사역자와 성도들은 자신의 정체성을 명확히 해야 한다. 자신의 본 캐릭터를 무엇으로 인식하고 있느냐에 따라 그가 복음을 위해 선택하는 일이 달라지기 때문이다. 부캐릭터는 그에게 효과적일 수도 있지만, 본캐가 제대로 인식되고 바로 서 있지 못하면 여러 개의 부캐 때문에 오히려 엉뚱한 일을 할 수도 있다.

 이 땅에서 하나님 나라를 이루어가는 사역자의 삶이 중심이 되어야 우리가 그 목적을 이루어갈 때 선택하는 일 즉, 도구가 우리의 본캐를 넘어서 다른 길로 향하지 못하게 할 수 있다. 우리는 이 본캐를 더 잘하기 위해 우리의 부캐를 계발해야 한다. 우리가 가진 본캐는 교회 안에서는 유익하지만, 사회속에서는 경쟁력을 가지거나 연결점을 주지 못한다. 사회속에서 효과적으로 통할 수 있는, 선교적 삶을 살기 위한 도구로서 부캐를 준비해야 한다.

 크리스천 연예인들이 시상식에서 하나님께 감사드

린다는 감격스러운 말 한마디에 많은 사람들이 신앙에 대해서 고민하고 자신이 좋아하는 연예인의 종교를 가지는 일들이 일어난다. 영화배우, 개그맨, 배우 등의 직업은 사람들이 많은 관심을 갖고 있으므로, 이를 통해 사람들에게 접근하기가 매우 유용하다.

이처럼 도구로 작동하는 부캐릭터 계발에 힘써야 한다. 특히 신학생일 때 부캐 계발에 힘써야 한다. 신학교를 졸업한 후에는 시간도, 여건도 허락하지 않는다. 교회 시스템에 들어가면 하고 싶어도 시간이 나지 않는다. 그러므로 본캐 외에 세상에서 통할 수 있는 부캐를 계발하는 데 힘을 쓰자. 신학교를 다닐 3년이라는 시간이면 충분하다. 어떤 일이든 3년 정도 열심히 노력하면 어느 정도의 수준에는 오를 수 있을 것이다.

2) 재능 발견하기

재능 목회를 위해서는 우선적으로 자신의 재능을 찾아야 한다. 그런데 목회자일수록 자신의 재능에 의외로 무관심한 경우가 많다. 소명을 받고 다른 선택지를 고려해보지 않고 신학교에 왔기 때문이다. 목회자로서의 직분을 감당하는 것을 절대적인 소명으로 인식하고 있기 때문에 다른 선택지를 고려하는 것을 송

구스럽고 불경스럽게 받아들인다. 또한 신학교에서도 교회에서 봉사하고 사역할 목사를 길러내는 것을 목표로 교육하기에, 신학생들은 전통적인 건물교회의 목사가 되는 것 외에 다른 생각을 하기 어렵다.

그래서 자신이 가진 재능이 무엇인지, 무엇을 잘하고, 무엇을 가장 좋아하는지 발견하려면 노력이 필요하다. 특히 신대원 1학년의 시간에 자신의 재능을 찾기 위한 활동을 해야 한다. 목회자의 소명 안에 숨겨진 자신의 재능이 무엇인지를 진지하게 고민하고 찾아봐야 한다. 이 시기에는 예수님을 아는 일이 중요해서 다른 일들은 모두 세상일로 치부될 수 있겠지만, 더욱더 실천적인 교육을 통해서 세상 가운데서 어떻게 효과적으로 복음을 전할 수 있을지 고민하고, 이를 위한 자신의 재능을 찾는 프로젝트가 진행되어야 한다.

세상에서도 창업과 취업을 위해 자신의 재능을 찾고 있다. 이를 위한 수많은 프로그램이 준비되어 있다. 목회자들도 소명을 받은 것으로 끝나는 것이 아니라, 변화된 시대에 맞게 자신의 재능을 따라 다양한 모습으로 사역할 수 있는 길이 있음을 알려주고 열어주어야 한다. 더 늦기 전에 자신의 재능이 무엇인지, 하나님께서 나에게 주신 은사가 무엇인지 찾아야 한다. 신학교에 가서 신학을 배우는 일이 주된 일이라면, 자신의 은사를 찾는 부캐 준비도 해야 한다. 메인 캐릭터가 신학생이라면, 부캐릭터를 위해서는 자신의 은사를 기반으로 한 전문가가 되기 위해 준비해야 한다. 신학생들이여, 신학과 더불어 자신의 은사와 재능을 찾는데 시간을 쓰기를 바란다.

3) 팀 프로젝트

자신의 재능을 찾았다고 하더라도 은사에 따라 사역지를 정하는 일은 쉽지 않다. 사회에서도 자기 적성에 맞는 창업을 했다고 하더라도 3년 안에 문 닫는 스타트업들이 즐비하다. 신학교도 이와 같은 현상에서 비껴갈 수 없다. 전통적인 목회상을 가지고 한 길만 바라보고 걸어왔기 때문에, 새로운 영역에서 자신의 재능을 어떤 식으로 발휘해야 하는지에 대해서는 그저 낯설기 마련이다.

그래서 개인의 은사를 발견한 후에는 신학교에서 팀 프로젝트 형식으로 진행하는 훈련이 좋다고 생각한다. 팀 프로젝트는 비슷한 재능과 관심사를 가진 사람들이 팀으로 모여 함께 생각하고 활동을 할 수 있도록 하는 것이다. 같은 주제로 기획하고 준비하여 연합해 나간다면 현실적인 문제들도 해결해 나갈 수 있다.

[전문가 멘토링]

팀 프로젝트는 전문가의 멘토링을 받으며 진행해야 한다. 우리가 하는 일은 세상 속에서 복음을 전하는 재능 사역이다. 우리가 가진 재능만으로 세상이 다 우리 뜻대로 되는 것이 아니다. 그래서 세상의 변화도 알아야 하고, 세상 가운데서 어떻게 직업이라는 형태로 자생할 수 있는지 연구해야 하고, 이미 실천한 사람들로부터 배울 수 있어야 한다. 그래서 각 분야의 전문가가 팀을 멘토링하여 팀별로 새롭게 하고 싶은 목회 분야를 찾고 주제를 잡아 기획할 수 있도록 도울 수 있어야 한다. 그것은 이미 레드오션이 된 카페 목회나 책방 목회가 될 수도 있고, 앞서 예시한 헬스 목회나 기타 재능 목회의 다양한 형태가 될 수도 있다.

전문가 멘토링은 목회자만 초청하는 게 아니다. 사회에서 벤처 창업을 전문적으로 진행하는 사람과 사회 현상 변화를 이해하고 문제점을 파악할 수 있는 사람, 그리고 현대 디지털과 IT기술의 전문성을 가진 사람과 신학을 전문으로 하는 사람들이 함께 참여할 수 있다. 현대 사회의 필요를 면밀히 연구하고 그 분야에서 복음에 접근할 방법을 기획하는 데 전문가들의 조언이 필요하다.

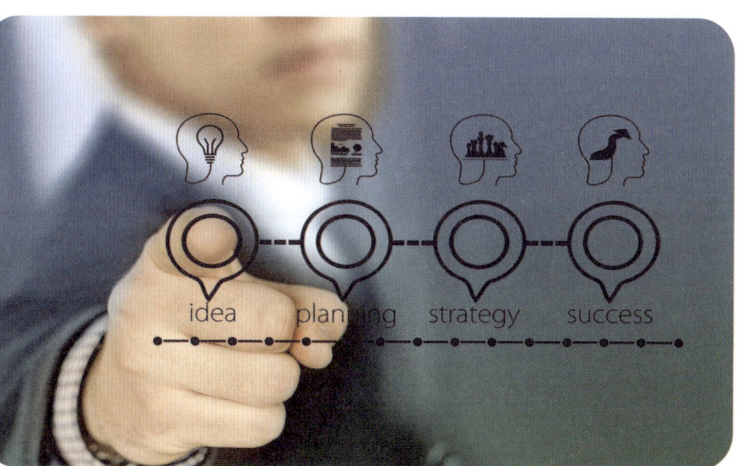

멘토링 진행과정[28]

[목회 창업]

자신의 재능에 맞는 목회를 기획하고 프로그램을 개발했다면 개인이 사회로 나가기 전에 그것을 진행해 볼 수 있는 기회가 필요하다. 세상 밖에 혼자 나선 개인은 두렵고, 떨리고, 외롭다. 또 이를 실행할 수 있는 준비를 혼자서 해내야 하는 현실의 벽이 결코 만만하지 않음을 우리는 안다.

이를 위해 교단의 각 노회가 신학교의 팀 프로젝트를 지원하는 시스템을 준비한다면, 노회 차원에서는

---

28 https://pixabay.com/illustrations/business-idea-growth-concept-5261745/

새로운 목회를 준비하여 소개할 수 있는 기회를 가질 수 있고, 목회자들은 노회의 지원을 통해 안정적으로 새로운 사역을 시도해 볼 수 있다.

예컨대, 팀 프로젝트에서 준비한 새로운 목회 패러다임의 내용들을 1~2년간 시행할 수 있도록 노회와 학교가 비용과 여건을 지원해 주는 시스템을 만든다면 어떨까? 사회에서 사역하는 새로운 목회 패러다임으로 자리매김할 수 있도록 노회가 관리하고 도움을 준다면, 미자립 목회지가 늘어나고 있는 노회의 여러 가지 현실적인 문제들도 해결할 수 있다고 생각한다.

형태는 카페 목회, 음악 목회, 광고 회사 목회, 캠핑 목회 등의 다양한 프로젝트가 될 수 있다. 신학생일 때 목회에 대한 예행연습을 시작할 수 있다면 자신의 생각과 현실의 차이를 극복하는데 시간을 절약할 수 있게 되고, 자신의 재능이 생각한 것과 다르다는 점을 배우게 될지도 모른다. 이 기간을 통해 시행착오를 줄일 수 있다면 한국 교회에도 유익이 되지 않을까 싶다.

[부동산 지원]

재능 목회에도 물리적인 공간은 필요하다. 어떤 일이든 사무실과 같은 공간은 필요하기 때문이다. 그러나 프로젝트에 소용되는 비용 중 절반 이상이 부동산 비용으로 지출되는 현실을 이해한다면, 부동산을 따로 사들이지 않고 이미 자립한 중대형교회들의 도움을 통해 해결할 수 있다고 생각한다. 중대형교회는 큰 예배당과 많은 부속 장소를 가지고 있지만, 예배 시간 외에는 비어 있는 경우가 허다하다. 정해진 기간 동안 프로젝트를 위해 공간을 사용할 수 있도록 허락해 준다면 부동산 비용으로 어려움을 겪는 일은 없을 것이다. 또 자신의 교회에 입주한 팀을 위해 선교적 차원에서 지원하고 협력할 수 있는 틀이 만들어진다면 너무도 아름다운 선교협력의 장이 시작될 것이다.

에필로그

유용한 도구와 수단을 취하자!

세상의 변화와 함께 우리가 전통적으로 소중하게 생각하고 복음의 기회와 도구로 생각했던 것들이 바뀌고 있다. 과거 바울이 편지를 통해서 복음을 전했다고 해서, 오늘날에도 편지만을 고집하는 사람들은 없다. 목소리만이 진짜 소리라고 해서 마이크를 쓰지 않는 목회자들도 없다. 효과적으로 복음을 전할 수 있는 다양한 수단이 쉴 새 없이 쏟아져 나오고 있다. 우리는 하나님 나라를 효과적으로 전할 수 있는 바람직한 도구를 선택해서 사용해야 한다. 그것이 온라인일 수 있고 유튜브일 수 있고, 인공지능일 수 있다. 그것이 무엇이 되었든 우리는 선교적 교회의 목적을 이루기 위해 익숙하게 사용할 수 있도록 준비해야 한다.

선교하는 교회에서 선교적 교회로!

그동안 교회는 '선교적 교회'보다 '선교하는 교회'라는 정체성을 가지고 있었다. 선교 행사를 한 번 진행하는 것으로 만족했고, 선교적 지향성을 가지고 사회에서 어떤 모습으로 살지에 대한 논의는 부족했다. 대부분의 자원과 노력을 건물교회의 시스템을 유지하고 모이는 교회를 키워가는데 사용해왔다.

  그러나 이제는 교회가 선교적인 교회로 변화해야 한다. 교회가 전투적으로 선교적 교회로 전향하지 않으면, 우리는 여느 생명력 없는 종교들이 과거라는 카테고리 안에서만 발견되듯이, 박물관과 옛날이야기에서나 볼 수 있는 그런 종교가 되어 버릴지 모른다. 재능 목회는 한국 교회와 사회를 새롭게 바라보는 시각을 주며, 하나님이 이 시대에 귀중하게 사용하라고 우리에게 주신 무기가 무엇인지를 바라보게 한다. 재능을 갈고닦아 사람 낚는 어부로 쓰임 받기에 적당한 종이 되고, 제자가 되고, 선교사가 되어야 한다.

  예배드리는 시간이나 주일 하루만 거룩한 삶이 아니다. 평일에도 제자답게, 선교사답게 살아가야 한다. 이는 성도라고 해도 예외가 아니다. 우리는 모두 공동체 안에서 서로 다른 역할을 하고 있을 뿐, 동일한 부르심을 받았다. 각자 삶의 자리는 다르지만 그 자리에서 사명을 감당해야 한다.

  교회는 헬라어로 에클레시아(ἐκκλησία)라는 말이다. 이 말은 '~로부터'라는 뜻의 에크(ἐκ)와 '부르다'는 뜻의

칼레오($\kappa\alpha\lambda\epsilon\omega$)가 합해진 말이다. 그래서 교회는 하나님께서 무언가 시키시는 일을 위해 부름받은 자라는 정체성을 가진다.

사도행전 1장은 교회가 처음 시작되는 마가의 다락방 사건을 다루며 그들이 해야 할 일을 "부활하신 예수그리스도를 증언하는 일"로 규정한다. 그리고 이 일을 이루기 위해 가룟 유다의 빈자리를 보충하고자 한다(행1:25). 가룟 유다는 돈의 유혹을 떨쳐 버리지 못하고 사명을 버렸다. 사명 대신에 세상이 좋아하는 돈의 가치를 선택하고, 다른 길을 선택한 가룟 유다는 교회가 되지 못했다. 이는 오늘날 교회가 자신의 본질적 사명이 아닌 세상의 가치를 선택한 모습을 비유하는 것은 아닐까!

주님이 원하시는 본질적 사명을 감당해야 할 사도들이 필요하다. 직무를 버리고 간 가룟 유다처럼, 오늘날의 한국 교회가 그렇게 버림받지 않기를 소망한다. 다시 선교적 교회로 목회하고 사역하는 여러 사도들이 등장하길 바란다.

로마서 11:29

하나님의 은사와 부르심에는 후회하심이 없느니라

재능목회

초판1쇄 발행 2024년 10월 14일

지은이 **이길주**

펴낸이/ 우지연　　편집/ 김명곤 송희진　　디자인/ 안토 샘물
마케팅/ 스티븐jh　　경영/ 박봉순 강운자
펴낸곳/ 한사람　　등록번호 제2020-000022호
등록일자 2020년 1월 30일　　　　주소 경기도 남양주시 다산지금로 202
홈페이지 https://hansarambook.modoo.at
블로그 https://blog.naver.com/pleasure20
ISBN 979-11-92451-34-3 (03230)

ⓒ 저자와의 협약으로 인지는 생략했습니다.
이 책의 저작권은 저자와 독점계약한 한사람 출판사에 있습니다.
무단전재와 무단복제를 금합니다.
잘못 만들어진 책은 구입하신 서점에서 바꿔드립니다.